Eine fast vergessene Welt

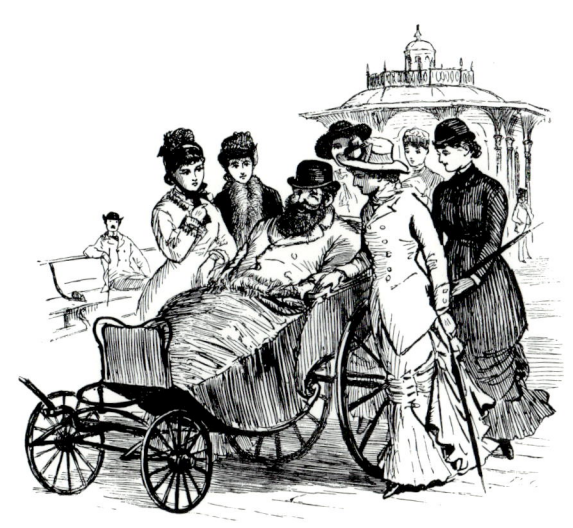

Eine fast vergessene Welt

Joseph Wechsberg

Mit einem Kapitel
über die amerikanischen Badeorte
von Ruth Brandon

Heimeran

Die englische Originalausgabe erschien unter dem Titel „The Lost
World of the Great Spas" bei Weidenfeld & Nicolson Ltd., London 1979.
Übertragung aus dem Englischen von Renate Zeschitz.

© Joseph Wechsberg 1979
© für die Seiten 179–205 Ruth Brandon 1979
© für die deutsche Ausgabe Heimeran Verlag, München 1980
Alle Rechte vorbehalten.
Satz: Hagedorn-Satz, München
Druck und Bindung: Butler & Tanner Ltd.
Archiv 668
ISBN 3 7765 0287 8

Umschlag: Karlsbad in der Tschechoslowakei,
seine architektonischen Sehenswürdigkeiten
und seine Heilquellen.
Stich aus dem 19. Jahrhundert.

Seite 3: Das King's Bath in Bath. Aquarell von Nattes
aus dem frühen neunzehnten Jahrhundert.

INHALT

Vorwort

Als Heilbad bezeichnen wir heute gemeinhin einen Ort mit natürlichen kalten oder warmen Heilquellen, denen man gesundheitsfördernde Eigenschaften nachsagt. Außer den Heilquellen gehören zu einem Kurort noch eine entsprechende Lage, ein großer Park, saubere Luft, vielleicht ein Spielkasino und nach Möglichkeit eine schillernde Vergangenheit. Kein Heilbad ist besser als sein Ruf, und den haben meist weniger die Quellen als die Besucher begründet. Im 18. und 19. Jahrhundert konnte jeder Kurort, der genügend Mineralsalze aufzuweisen hatte, mit einer Liste von gekrönten Häuptern und Berühmtheiten aufwarten, die dorthin kamen, um gesund zu werden und sich zu amüsieren.

Die angenehme Einrichtung überlebte die vornehmen Zeiten und wird heute begeistert von Krankenkassenpatienten und privaten Kurgästen in Anspruch genommen. In manchen europäischen Ländern existiert ein mystischer Glaube daran, daß es für jedes körperliche und geistige Leiden ein Heilbad gibt. Manche schwören auf ein bestimmtes Bad, andere wieder ziehen auf der Suche nach Genesung von einem zum anderen. Der Kurarzt hat in Europa soviel Macht wie der Psychoanalytiker in Amerika. Kein Patient würde es wagen, ohne seine Zustimmung auch nur einen Schritt zu machen. Früher wurde der Kurarzt von seinen Kollegen eher geringschätzig betrachtet, als nicht sehr fähiger Kollege, dem es genügte, sich in angenehmer Umgebung mühelos sein Brot zu verdienen. Heute sind Kurärzte meist erstklassige Spezialisten, die ihre Patienten und ihre Behandlungsmethoden sehr ernst nehmen. Ein Kurort ist nicht mehr das Dorado für reiche alte Leute mit leichtem Hang zur Hypochondrie, sondern immer mehr ein Ort für jedermann und natürlich auch für junge Menschen, die bereits unter den Folgen unserer erbarmungslosen Zivilisation leiden.

Im 19. Jahrhundert enthielten manchmal deutsche Eheverträge eine Klausel, die der Frau das Recht gab, einmal im Jahr alleine ein Heilbad aufzusuchen; auch dem Ehemann stand dieses Recht zu. Eine weise Übereinkunft. Die Ehefrau oder der Ehemann fahren zur Kur, führen ein völlig anderes Leben weitab vom Alltag zuhause und kehren nach drei oder vier Wochen – an Körper, Geist und Seele erfrischt – wieder nach Hause zurück. Ein Kurort gleicht einem Ozeandampfer. Man genießt die innere Freiheit, die sich aus dem Wissen ergibt, daß man die anderen an Bord wahrscheinlich sein Leben lang nie wieder zu Gesicht bekommt.

Jeder Kurort hat seine „chronique scandaleuse" und seine amourösen Affären, als ob die heilenden Quellen sich auch auf diesem Gebiet stimulierend auswirkten. Viele Heilbäder behaupten, die Patienten würden hier ihre zweite oder dritte Jugend erleben, und wer wollte das nicht? In Deutschland, dem Kurort-Paradies, gibt es Orte, die nur wegen ihrer guten, reinen Luft aufgesucht werden. Ernsthafte Ärzte pflegten früher über solche Luftkurorte milde zu lächeln. Heute lächelt man darüber längst nicht mehr. Man weiß, daß Millionen von Menschen in den abgasverseuchten Städten langsam vergiftet werden. Diesen Menschen geht es sofort besser, wenn sie saubere Luft atmen können. Die Kurdirektionen, für die früher ein Kurbetrieb ohne Spielkasino und Rennbahnen undenkbar war, planen heute moderne Gesundheitszentren, Sportmöglichkeiten und Einrichtungen zur Behandlung von Streß und anderen Zivilisationskrankheiten. Die Patienten sollen sich entspannen und die Umgebung, aus der sie kommen, einmal völlig vergessen. Sie sollen den alten Trott aufgeben und wenigstens für eine Weile ihren Lebensrhythmus völlig verändern – genau das, was die Soziologen und Ärzte predigen.

In früheren Zeiten pflegten diejenigen, die auf der gesellschaftlichen Stufenleiter nach oben steigen wollten, einen Kurort aufzusuchen, um zu sehen und gesehen zu werden. Die Reichen wollten in der Nähe der Aristokraten sein und die Aristokraten genossen die Anwesenheit der Könige. Auch heute noch ist der jährliche Kurortbesuch eine Art Statussymbol. Wenn der Ruhm der Kurorte auch in ihrer Vergangenheit begründet liegt, haben sie dennoch eine gesunde Gegenwart und eine sichere Zukunft.

Der Hauptplatz des kleinen Badeorts Spa in den belgischen Ardennen, dessen Name im Englischen zum Synonym für Badekurort wurde.

Bath

Die römischen Badeanlagen
aus dem ersten nachchristlichen
Jahrhundert, in denen noch immer
die natürlichen Heilquellen fließen.
Dahinter erhebt sich die in der Zeit
von Henry VII. erbaute Abteikirche.

Bath ist Englands Beitrag zur Balneologie. Ein Heilbad muß natürliche Mineralquellen nachweisen können, und die Quellen von Bath, die schon lange bekannt waren, ehe die Römer sie entdeckten, enthalten etwa 30 verschiedene Mineralien und Spurenelemente, unter anderem Kalzium, Magnesium, Blei, Kalium, Eisen und Strontium. Das Wasser ist leicht radioaktiv und schmeckt nach Schwefel und Wismut. In Bath schießen täglich eine Million Liter 50° C heißes Wasser aus der Erde.

Überall sonst auf der Welt hätte man aus diesen heißen Quellen längst ein florierendes Geschäft mit der Gesundheit gemacht – nicht so in England. Der offizielle Reiseführer meint: „Ob die Quellen wirklich etwas gegen Rheumatismus, Gicht, Krankheiten des Nervensystems und der Haut, Verdauungsstörungen und Anämie ausrichten können, wie es zahllose wissenschaftliche Abhandlungen behaupten, ist fraglich." Würde man die anderen in diesem Buch beschriebenen Heilbäder nach demselben strengen Maßstab messen, dann wäre zumindest die Hälfte davon, was ihre gesundheitsfördernde Wirkung angeht, ebenso „fraglich".

Die kleine Stadt Bath, zwischen den Cotswolds und den sanftgrünen Hügeln von Somerset gelegen, hat vielerlei zu bieten. Bath ist eine Stadt mit römischer Vergangenheit, eine Stadt der Könige und Kathedralen, der georgianischen Architektur, der schönen Häuser, die Stadt von Richard Nash, Ralph Allen und John Wood. Irgendwann kam Bath in Mode und zog königliche Hoheiten und reiche Leute an. Jetzt bemüht man sich um die Renovierung des alten Behandlungszentrums im Old Royal Bath und der alten Bäderanlagen. „Neue Behandlungsmethoden der Physiotherapie und Hydrotherapie sollen zur Anwendung kommen, und die Kurverwaltung von Bath hofft, einerseits die medizinische Forschung fördern und andererseits denen helfen zu können, die ihre Hoffnung in die Heilkraft des Wassers von Bath setzen."

Früher oder später muß den Engländern doch klar werden, daß sie es nicht nötig haben, in die renommiertesten Heilbäder auf dem Kontinent zu fahren, weil sie ja schließlich ihre eigenen heißen Quellen haben. Im ersten Jahrzehnt nach Christus errichteten die Römer, denen man in bezug auf heiße Quellen nichts vormachen konnte, das, was später das King's Bath wurde. Darunter befindet sich – unsichtbar – die Quelle, die das heiße Wasser liefert; dieses wird in die verschiedenen Bäder der Stadt geleitet, und zu besonderen Gelegenheiten kann man sogar in den römischen Badeanlagen baden. Außerdem kann das Wasser in der Trinkhalle und am Brunnen in der Stadt getrunken werden.

Eben diese Trinkhalle, die 1706 erbaut wurde – damals wußte man nichts von den Römern –, wurde für mehr als 250 Jahre zum „Mittelpunkt des gesellschaftlichen Lebens der Stadt". Heute steht sie für Konzerte und andere festliche Anlässe zur Verfügung, und man trifft sich dort zum Morgenkaffee und zum Nachmittagstee.

Es gibt sogar Leute, die das Wasser tatsächlich trinken, obwohl eigentlich niemand so recht an seine Heilwirkung glaubt. Es gibt zu viele andere Attraktionen in Bath.

Die Legende von der Gründung Baths ist hinlänglich bekannt. Prinz Bladud, der Lieblingssohn von Hudibras, erkrankte am Aussatz, wurde daraufhin vom Hof des

Vaters verbannt und verdiente sich sein Brot als Schweinehirt. Auch die Schweine, die er hütete, waren von einer Hautkrankheit befallen. Als sie zu den schlammigen Tümpeln im Tal kamen, suhlten sie sich in dem warmen Wasser – und wurden geheilt. Auch Bladud, der ebenfalls in dem warmen Wasser badete, wurde wieder gesund. Er kehrte an den Hof seines Vaters zurück, machte aus dem Sumpfgebiet einen Badeort und gab ihm seinen Namen Bladud, der später zu Bad-Lud und Bath Waters wurde. Leider erging es ihm später wie Ikarus, als die Sonne das Wachs an den Flügeln seiner Flugmaschine zum Schmelzen brachte.

Es gehört jedoch nicht ins Reich der Legende, daß die Römer, die an heißen Quellen schon immer sehr interessiert waren, die kleine Stadt in einen eleganten Erholungsort umwandelten, der der Göttin Sul Minerva geweiht war und der schließlich unte dem Namen Aquae Sulis bekannt wurde. Vier Jahrhunderte lang waren die heißen Quellen von Aquae Sulis im ganzen römischen Reich berühmt, dieselben heißen Quellen, die auch heute noch aus der Erde schießen.

Dann verschwanden die Römer, und die heißen Quellen gerieten mehr und mehr in Vergessenheit. „Das Land wurde von inneren Zwistigkeiten und Angriffen von außen erschüttert", heißt es im Geschichtsbuch. Im Jahre 410 n.Chr. wurde aus England an Kaiser Honorius eine Bitte um Hilfe gerichtet. Die Pikten, Sachsen, Skoten und Iren waren in das Land eingefallen. Aber die Römer konnten und wollten England und ihrem ehemaligen Badeort nicht zu Hilfe kommen.

In Bath wurde jedoch weiter Geschichte gemacht; am Pfingstsonntag des Jahres 973 n. Chr. wurde König Edgar hier in einer angelsächsischen Abteikirche „von wunderbarer Baumeisterkunst" gekrönt. Und William Rufus ernannte seinen Leibarzt, John de Villula, zum Bischof von Bath. Seine Aufgabe war es, die kleine Abteikirche durch eine große Kathedrale zu ersetzen und die Bäderanlagen wiederherzustellen, damit „kranke Menschen aus ganz England durch diese Quellen Heilung finden mögen und auch die Gesunden diese wunderbaren Quellen erleben und darin baden können." Die Bäder wurden wieder in Betrieb genommen. Pilger

Panorama von Bath aus dem späten 18. Jahrhundert. Im Hintergrund die Hügel der Cotswolds, im Vordergrund die geschwungenen Häuserreihen im „georgianischen" Stil und die alles überragende Abteikirche.

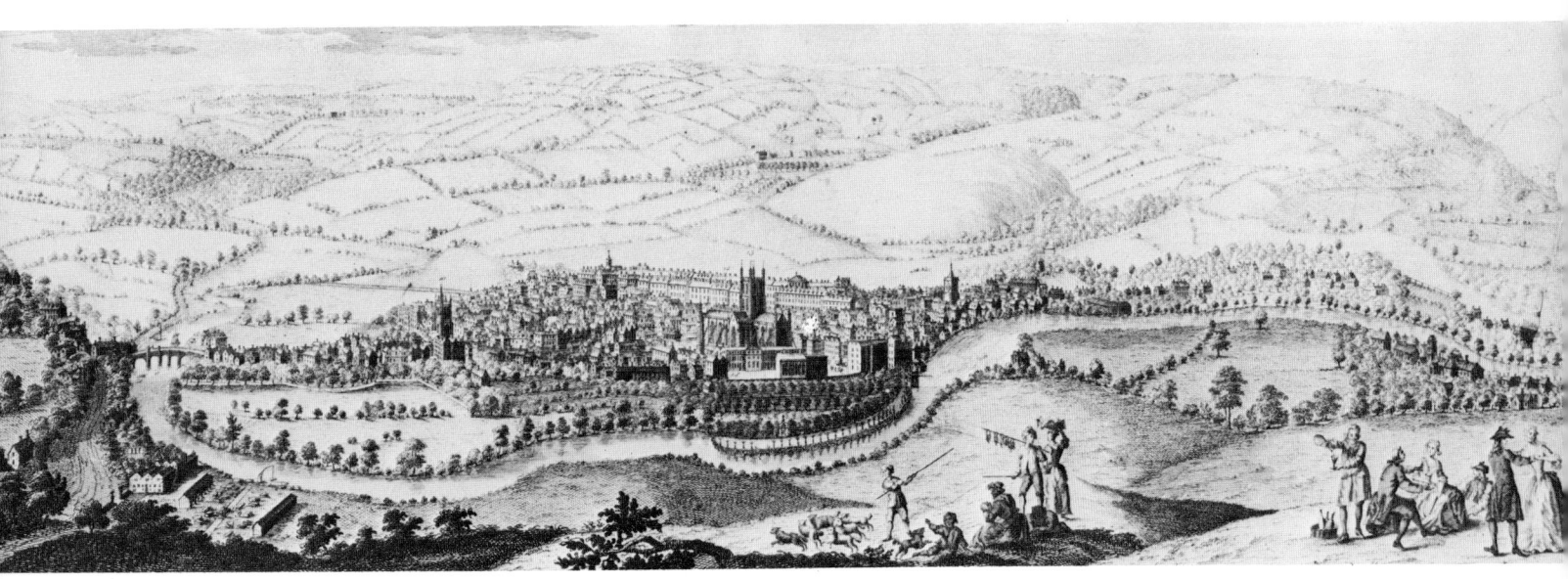

Die Westfront der Abteikirche. Besonders beachtenswert die Engel auf beiden Seiten des großen Abteifensters, die eine Leiter erklimmen. Die Abteikirche wurde wegen der riesigen Fenster, die das Kirchenschiff erhellen, „Lantern of the West", „Leuchte des Westens", genannt.

kamen und fanden Trost und Heilung in den Klosterhospitälern. Bischof Reginald gründete im Jahre 1180 St. John's, eine noch heute bestehende Wohltätigkeitsinstitution in Bath. Die Leute, die in der Priorei lebten, erreichten angeblich ein erstaunliches Alter. Man schrieb dies dem milden Klima des Tales und der Heilkraft des Wassers zu.

Aber das Bath der damaligen Zeit war nicht wegen seiner Quellen berühmt, sondern als Stadt der Weber bekannt, und nach und nach wuchs der Ort zu einer bedeutenden Industriestadt heran. Die Engländer waren schon immer mehr an einem breiten Webstuhl als an einer heißen Quelle interessiert. Bath wurde zwar reich, aber der Wohlstand brachte Korruption und den Niedergang von Stadt und Kirche mit sich. Die berühmten Badeanlagen verfielen zu stinkenden Zisternen. Heinrich VI. bezeichnete das Baden in Bath als „abscheulich", Heinrich VII. dagegen war gerne zu Gast in Bath, aber wahrscheinlich mehr am Spieltisch als im Bad zu finden. Um diese Zeit ließ der Bischof Oliver King die heutige Kathedrale errichten und machte aus ihr „die Leuchte des Westens", ein Wunder englischer Baukunst. Es ist ein anmutiges, großartiges Gebäude mit vielen Tafeln und Gedenkplaketten, die an die Vergangenheit erinnern.

Königin Elisabeth I. kam im Jahre 1574 nach Bath und ließ Geldmittel zur Restaurierung der Kathedrale und des St. John's-Hospitals bereitstellen. Sie war entsetzt über den Zustand der Straßen. Ihr Schatzminister Lord Burleigh versicherte ihr jedoch, daß diese „widerwärtige Stadt" sich in eine „allerliebste Stadt" verwandeln ließe. Die Kloaken wurden abgedeckt, die Straßen gereinigt, die Kathedrale renoviert und die Badeanlagen gesäubert. So viele Ärzte und Apotheker ließen sich in dem Badeort nieder, daß die Patienten zuweilen in der Minderzahl waren. Kranke Menschen kamen auf Empfehlung von Persönlichkeiten, die „Geschenke und Belohnungen vom Bürgermeister erhielten". Während des 16. und 17. Jahrhunderts wurden die Besuche aus dem Königshaus immer häufiger.

Die fünf Bäder waren nicht überdacht und „außerordentlich schmutzig". Auch sprach man davon, daß es dort „zügellos und unmoralisch" zugehe. Trotzdem kam Königin Anne, die Gemahlin James I., in den Jahren 1613 und 1625, in der Hoffnung, von der Wassersucht geheilt zu werden, und nach ihr kamen bald auch andere Patienten. „Mir scheint", schrieb Samuel Pepys im Jahre 1668 ins Tagebuch, „es kann nicht gut sein, wenn so viele Körper sich zusammen im gleichen Wasser aufhalten." Celia Fiennes' Tagebuchaufzeichnungen zufolge badeten die Damen in Kleidern aus feinem gelben Segeltuch, die weite Ärmel hatten wie Priestergewänder, und die Herren „trugen Westen und Unterhosen aus demselben Material". Zur Unterhaltung spielten Musikanten auf einer Galerie im Cross Bath auf. Besucher promenierten am King's Bath und sahen den Badenden zu. Ein Leutnant aus Norwich schrieb:

„. . .Engländer und Franzosen, Männer und Frauen, Knaben und Mädchen tauchen gemeinsam auf und erscheinen so nackt und furchtsam wegen ihrer unbekleideten Körper ... es ist etwas verwunderlich und erinnert an die Auferstehung."

Pepys mußte anerkennen, daß es „viele gute Straßen und sehr schöne Steinhäuser" in Bath gab, John Evelyn dagegen fand es klein und farblos. Es gab keinen

14

Das King's und Queen's Bath
nach einer Zeichnung von
Thomas Johnson aus dem Jahre
1575. Die Bäder waren jedem
Kranken zugänglich, und viele
badeten nackt. Den Stadt-
behörden mißfiel dies sehr, und
Samuel Pepys hielt es für
unhygienisch, aber jahrelang
wurde nichts daran geändert.

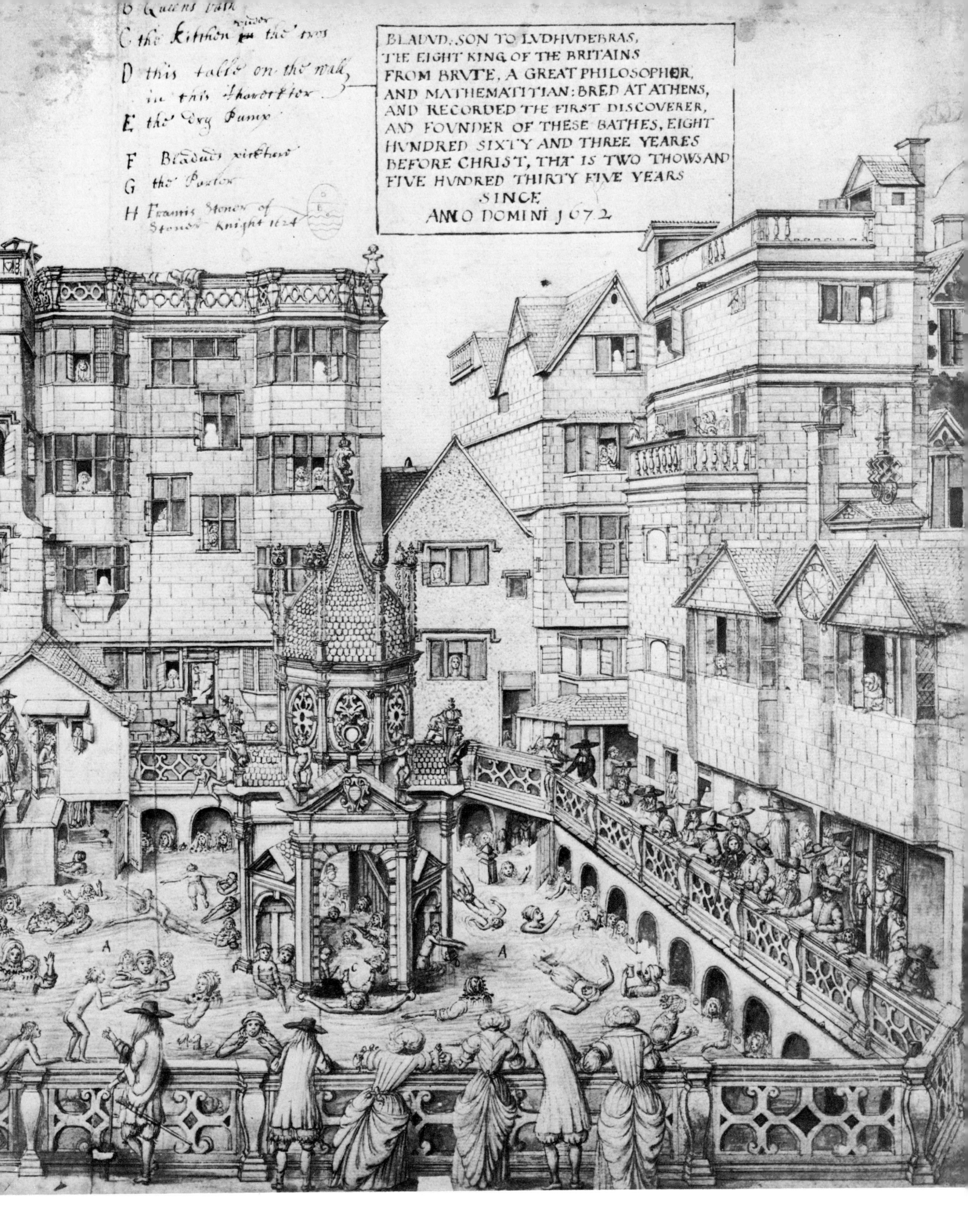

großen Saal für öffentliche Veranstaltungen. Die Herbergen waren überfüllt, und die Badegäste mußten enorme Preise für schlechte Unterkünfte zahlen.

Aber es gab vornehme Leute, die private Feste in den Gasthäusern veranstalteten. Auf dem Rasenplatz östlich der Kathedrale wurde getanzt. Der Stadtpark diente als Promenade zum Spazierengehen und zum Reiten. Fahrende Spielleute unterhielten ihr elegantes Publikum im Bear Inn Yard, in der jetzigen Union Street. In der Sawclose gab es Hahnenkämpfe zu sehen.

Daniel Defoe kam zu Beginn des 18. Jahrhunderts nach Bath und schrieb: „Wir können jetzt sagen, daß dies ein Erholungsort für Gesunde und Kranke ist und Müßiggänger dazu verführt, das schwerste Verbrechen zu begehen, nämlich die Zeit totzuschlagen". Im Jahre 1705 kam ein junger Mann aus London in den Badeort, den Königin Anne bekannt gemacht hatte, um „die Zeit totzuschlagen". Er hieß Richard Nash und war 31 Jahre alt. Er war in Carmarthen geboren, hatte nach einem Skandal Oxford verlassen müssen und schlug sich mehr oder weniger ehrlich, meist mit Glücksspiel, durchs Leben. Er fand sein ideales Wirkungsfeld in Bath. Dort wurde er führend in allen Fragen des Geschmacks und ein wohlwollender Despot über die Gesellschaft. Er wurde zum Zeremonienmeister ernannt, aber natürlich organisierte er nicht nur Festivitäten. (Er konnte das Spielen immer noch nicht lassen und gewann in seiner ersten Saison tausend Pfund. Das Volk war entzückt, denn schließlich war er in Bath als armer Mann angekommen.) Er wurde ein ausgezeichneter Fachmann für Öffentlichkeitsarbeit. Er räumte auf mit Bettlern und Straßenrowdys, aber auch mit Herzögen und Gräfinnen, die unpassend gekleidet waren oder den Ballsaal mit Reitstiefeln betraten. Er sorgte dafür, daß man sich nachts in den Straßen sicher fühlen konnte. Er richtete ein Krankenhaus für rheumatische Erkrankungen ein, und im Jahre 1706 öffnete die erste Trinkhalle ihre Pforten, wo sich die Kurgäste in „wohlerzogener Gesellschaft" ergehen konnten. Es war sein Verdienst, daß Bath sich zu einem Treffpunkt der eleganten Welt entwickelte.

Schon bald kam jeder, der etwas auf sich hielt, nach Bath. Die Gäste tanzten abends in Harrison's Assembly Rooms auf den Lower Walks oder besuchten Dame Lindsays Spielsalon auf der gegenüberliegenden Straßenseite. „Beau" Nash war, wie sein Biograph Oliver Goldsmith später schrieb, ein gütiger Man, der nie arrogant war oder aufgeblasen, und der große Summen für wohltätige Zwecke spendete. Er veranlaßte, daß prominente Besucher der Stadt von den Glocken der Kathedrale willkommen geheißen wurden. Die Kurgäste trafen sich morgens in der Trinkhalle und tranken beim Klang der Musik ihre drei Gläser Wasser. Das war die „School of Scandal", die Sheridan inspirierte. Damen und junge Mädchen pflegten zu den Vorführungen zu schlendern, um frische Luft zu schnappen und um gesehen zu werden. Alexander Pope, der die Promenade als die schönste in ganz England bezeichnete, lustwandelte dort mit Thomas Parnell und John Gay. Nash starb im Alter von 88 Jahren. Er hinterließ Spielschulden und Prozesse, aber er bekam ein überaus prächtiges Begräbnis, und seine Statue und sein Porträt zieren heute die Trinkhalle.

Der zweite Mann, der Bath berühmt gemacht hat, war Ralph Allen. Er kam im Jahre 1710 und wurde dort Postmeister. Der Postdienst lag im argen, und Allen ver-

Seite 17: Ein Blick auf den Kurort Spa in den belgischen Ardennen.

Seite 18: Die römischen Badeanlagen aus dem ersten Jahrhundert n. Chr. Die Römer entdeckten die heißen Quellen von Bath.

Seite 19 oben: Eine Karikatur von Rowlandson aus der Serie „Comforts of Bath"; Patienten in der Trinkhalle.

Seite 19 unten: Der Queen Square in Bath, der 1735 von John Wood entworfen wurde; Aquarell.

COMFORTS of BATH.

Pl. 3

rechts: „Beau" Nash auf einem Gemälde von William Hoare. Nash, der zu Beginn des 18. Jahrhunderts offizieller Zeremonienmeister war, wurde nicht nur richtungweisend in Dingen des zeitgenössischen Geschmacks, sondern auch ein bedeutender Sozialreformer und Befürworter gesitteten Verhaltens.

rechts außen: Ralph Allen nach einer Darstellung von Thomas Hudson, 1754. Er wurde einer der großen Architekten im Bath der „georgianischen" Zeit. Der Prior Park und viele Straßen und Häuser in Bath wurden von ihm gestaltet.

links: Das Royal Crescent in Bath. Die Häuserreihe wurde um 1770 von John Woods Sohn entworfen. 117 ionische Säulen tragen das durchgehende Gesims.

sprach grundlegende Verbesserungen, wenn ihm eine siebenjährige Konzession zugebilligt würde. Er würde der Regierung zweitausend Pfund zahlen. Allen verdiente ein Vermögen und kaufte die Steinbrüche am Combe Down, dem südlichen Hügel von Bath. Namhafte Londoner Architekten befanden, daß der helle Kalkstein unbrauchbar sei, aber Allen teilte ihre Ansicht nicht. Er kam mit einem jungen Architekten aus Yorkshire, John Wood, überein, der ein großer Bewunderer des berühmten italienischen Architekten und Humanisten des 16. Jahrhunderts, Andrea Palladio, war. John Wood wurde Allens technischer Berater. Er wollte aus Bath eine Stadt im Stil Palladios machen, und Allen lieferte die Steine dazu. Sie konstruierten eine Förderbahn, die das Gestein von Combe Down nach Widcombe und zum Fluß beförderte. Sie führte an Allens Villa am Prior Park vorbei, einem Paradebeispiel der von Palladio inspirierten Architektur. Das Haus beherbergt heute eine Knabenschule. Es ist ein schönes Gebäude mit prachtvoller Aussicht, und es gibt auch eine Brücke im Stil Palladios auf dem Grundstück.

Das ungleiche Triumvirat Nash, Allen und Wood gab dem Ort Bath ein völlig neues Gepräge. Nash gelang es, alles, was Rang und Namen hatte, anzulocken. Allen und Wood bauten prächtige Häuser, Spazierwege und Straßen. Alle drei arbeiteten am Bau des Royal Mineral Water Hospital, des heutigen Royal National Hospital für rheumatische Erkrankungen. John Wood verwandelte das mittelalterliche Bath nach und nach systematisch in eine vom „georgianischen" Baustil geprägte Stadt (mit diesem Ausdruck bezeichnen die Engländer die Architektur aus der Zeit der Könige Georg I. bis IV. bzw. Georg V. bis VI.). Im Jahre 1735 war seine erste Häusergruppe am Queen Square vollendet. Die Nordseite, die heute viel bewundert wird, gestaltete er ganz im Stil Palladios. Seine Vorstellungen von einer großen Promenade an der Südseite wurde durch die Schwierigkeit, entsprechendes Baugelände zu bekommen, vereitelt. Er baute den King's Circus mit seiner geboge-

nen Fassade aus in drei Reihen übereinander angeordneten dorischen, ionischen und korinthischen Säulen. John Wood erlebte die Vollendung seines Werkes nicht mehr. Er starb im Mai 1754 in seinem Haus am Queen Square Nr. 9, drei Monate, nachdem man mit dem Bau des „Circus" begonnen hatte. Sein Sohn, John Wood der Jüngere, vollendete die Pläne seines Vaters und schuf auch eigene Werke, wie beispielsweise den Royal Crescent, „die schönste halbmondförmige Häuserreihe Europas" genannt. Sie ist etwa zweihundert Meter lang; 114 ionische Säulen tragen ein durchgehendes Gesims. Die Häuserreihe wurde in den Jahren 1767 bis 1775 erbaut, und später wohnten dort viele Künstler, Schriftsteller und Musiker. Andere bedeutende Architekten, die maßgeblich zu der einzigartigen Schönheit Baths bei-

links: Die Trinkhalle im späten neunzehnten Jahrhundert. Elegante Damen und Herren tranken das Heilwasser und promenierten beim Klang der Musik auf und ab (im Hintergrund das Orchester).

oben: Eine Illustration aus dem „Bath Guide". Dieser Führer erschien einmal jährlich und enthielt viele moralische Verse und Erzählungen von Nash.

getragen haben, waren Thomas Jelly, Thomas Baldwin, John Palmer und Robert Adam.

Obwohl man Bath den Beinamen „Florenz des Nordens" gegeben hat, ist es sehr englisch, und der edle italienische Klassizismus wirkt hier eher intim. Der georgianische Baustil ist im Grunde schlicht. Alle Häuser haben die gleiche Breite, sind drei Stockwerke hoch, und ihre Fenster sind nach dem Prinzip der Zweckmäßigkeit eingesetzt. Nur das Mittelgeschoß – das „piano nobile" – ist etwas auffälliger gestaltet. Verzierungen sind selten.

Nash, der „arbiter elegantiarum", war tot, aber das Bath des 18. Jahrhunderts bewahrte sich seine Eleganz und Vornehmheit. Die bessere Gesellschaft hatte sich im oberen Teil der Stadt niedergelassen, und dort traf man auch die gut gekleideten Herren, die zu den Assembly Rooms gingen, um zu sehen und gesehen zu werden. Auch Samuel Johnson und Mrs. Thrale waren dort zu finden. Fanny Burney bemerkte, sie gehe nie dorthin, um Leute zu sehen, „die nur gesehen werden, weil sie in die Rooms gehen, was wir nie machen".

Bath begann sein Herz für die Musik zu entdecken. Konzerte wurden aufgeführt. Thomas Linley (seine Tochter Elizabeth wurde später Mrs. Richard Sheridan) dirigierte ein kleines Orchester in den New Rooms. Händels Oratorien kamen in der Octagon Proprietary Chapel in der Milsom Street zur Aufführung. Thomas Gainsborough verbrachte 14 Jahre im Haus seiner Schwester (The Circus Nr. 17) und hatte dort viele Musiker und Schauspieler zu Gast, unter anderem Garrick, Henderson und Sarah Siddons. Auch viele Mitglieder der Londoner Gesellschaft gingen ein und aus. Mrs. Elizabeth Montague veranstaltete elegante literarische Abende in ihrem Haus am Royal Crescent.

Immer mehr dehnte sich die Stadt nach Norden und Osten hin aus. Robert Adam entwarf die Pulteney Brücke, die die Altstadt mit dem Stadtteil Bathwick am anderen Flußufer verband. Die Pulteney Street wurde später nach seinen Plänen vollendet. Einige Häuser aus dem 18. Jahrhundert haben noch prächtigen schmiedeeisernen Zierat aufzuweisen, wie beispielsweise die Lampen an den Torwegen der Lansdown Crescent.

Während des 19. Jahrhunderts vollzog sich in Bath ein allmählicher Wandel. Die Stadt wurde als ständiger Aufenthaltsort beliebt: Es kamen Admiräle, Generäle, Rechtsanwälte und Mitglieder des Klerus. Dies war die Gesellschaft, die Jane Austen so treffend beschrieben hat. Auch für bekannte Schriftsteller und Maler blieb die Stadt weiterhin attraktiv. Thomas Carlyle wohnte mit Walter Savage Landor in der Rivers Street. Er mochte diese Stadt zwischen den wunderschönen grünen Hügeln. Landor gefiel es hier, weil man mit 1200 Pfund im Jahr auskommen konnte. Um die Wende zum 20. Jahrhundert war Bath eine Provinzstadt mit großer Tradition geworden. Kohle wurde aus dem Kohlengebiet Somerset herbeigeschafft, ebenso Steine und Eisenerz. Der Kennet and Avon-Kanal, der Bath mit Reading verband, wurde nicht viel genutzt. Er war im Jahre 1810 gebaut worden, hatte aber keine Chance gegen die Eisenbahn. Im Jahre 1962 wurde eine Treuhandgesellschaft zur Erhaltung des Kanals gegründet; man reparierte die Schleusen, fischte den Unrat aus dem Wasser und machte den Kanal wieder für Passagierboote schiffbar.

Die nach Sir William Pulteney benannte Pulteney-Brücke entwarf Robert Adam. Sie war ursprünglich Teil eines viel umfassenderen Projekts: Adam sollte einen ganzen Straßenzug bauen; aber Pulteney starb vor der Verwirklichung dieses Plans. So blieb diese Brücke Adams einziges Werk in Bath.

Im Jahre 1878 entdeckte ein Ingenieur, der eine lecke Stelle im King's Bath abdichten sollte, das römische Reservoir. Diese Entdeckung führte später zur Freilegung der ehemaligen römischen Badeanlagen. Man begann mit Ausgrabungen, die sich über viele Jahre hinzogen. Heute kann man mit Stolz auf die bedeutendsten römischen Gebäude in ganz England hinweisen. Der Giebel eines großen Tempels, gut erhaltene Skulpturen und Reliefs, Grabsteine, Schmuck und andere Funde können heute im Roman Baths Museum besichtigt werden, wo sich der Besucher in die römische Vergangenheit des Ortes zurückversetzt fühlt.

Claverton Manor, ein schönes Landhaus, im Jahr 1820 von Sir Jeffry Wyatville entworfen, ist ein gutes Beispiel für den neoklassizistischen Baustil; am 26. Juli 1897 hielt Winston Spencer Churchill dort seine erste politische Rede. Heute ist darin das erste amerikanische Museum außerhalb der Vereinigten Staaten untergebracht, das 1961 seine Tore öffnete. Sein Ziel ist es, „die Geschichte und Kunst der Vereinigten Staaten darzustellen". Da sind zunächst Räume zu besichtigen, wie sie vor 250 Jahren die Siedler Neuenglands bewohnt haben. Mann kann die kulturelle Tradition der englischen Puritaner genauso intensiv studieren wie die der spanischen Kolonisten in Neumexiko. Amerikanische Handwerkskunst ist ausgestellt – Silber, Zinn, Glas und Textilien. Einige Abteilungen widmen sich den amerikanischen Indianern, der Geschichte der Seefahrt und anderen Aspekten amerika-

„Der Mann, der in der Trinkhalle einen doppelten Scotch verlangte". Ein Aquarell von H. M. Batemann, das in der Trinkhalle hängt.

nischer Kultur. Es gibt sogar eine Kopie von Washingtons Mount Vernon-Garten mit dem achteckigen Gartenhaus, das George Washingtons Enkeln als Schulhaus diente.

Bath hat bei den Touristen nichts von seiner Beliebtheit verloren. Aber im Grunde genommen ist es ein Museum, wenn auch ein elegantes. Während des Zweiten Weltkriegs kam die Admiralität nach Bath. Die Stadt hat heute 50 000 Einwohner, die Victorian Art Gallery, eine im Jahre 1966 eröffnete Universität, ein Forschungsinstitut der Admiralität, gute Restaurants und das übliche Verkehrschaos einer modernen Stadt. Und Bath hat natürlich auch seine spezifischen Probleme. Sollen wirklich einige der reizvollen georgianischen Häuser abgerissen werden, um den Beton- und Glas-Wolkenkratzern des späten 20. Jahrhunderts Platz zu machen? Viele Leute sind dafür, Bath als Juwel der Vergangenheit für die Zukunft zu erhalten. Soll Bath eine Festspiel- oder eine Industriestadt werden? Wir wissen, was die Woods, was Robert Adam und Ralph Allen gesagt hätten. Aber diese Pioniere Baths sind nicht mehr unter uns. Man spricht in Bath viel über die Lebensqualität. „Ältere Oberste und alte Jungfern, die man auch in Aix-les-Bains und in Baden-Baden antrifft", kommen immer noch zur Trinkkur her. Aber das ist alles ein bißchen *démodé*. Moderne Reiseführer fühlen sich bemüßigt, darauf hinzuweisen, daß man hier in Warenhäusern und Supermärkten auch gut einkaufen kann, daß neue Theaterstücke hier aufgeführt werden, ehe sie in London auf die Bühne kommen, daß es alle Sportmöglichkeiten gibt und gute Restaurants, wie zum Beispiel das Popjoy's im ehemaligen Haus von Beau Nash.

Wenn Sie das alte Bath, die schöne georgianische Stadt, ein Relikt aus dem eleganten Old England, genießen wollen, dann sollten Sie lieber gleich hinfahren, bevor die alte, vornehme Stadt einen zu modernen Charakter bekommt.

Brighton

George IV. nach einer Karikatur
von Gillray aus dem Jahre 1792.
Die Zeit, in der er Prinzregent
und König war, war eine Zeit der
Freß- und Saufgelage und des
Glücksspiels. Er kam zur Meer-
wasserkur nach Brighton und
machte das kleine Fischerdorf zu
einem bekannten Erholungsort.
Der „Brighton Pavilion" wurde
auf seine Anweisung gebaut.

Kurz vor dem 1. April 1970 entzückte eine Nachricht aus dem guten alten, exzentrischen England die leidgeprüften Zeitungsleser. Auf Grund des energischen Protests von Sir Laurence Olivier (inzwischen Lord Olivier) wurden geräucherte Heringe wieder auf die Speisekarte des *Brighton Belle* gesetzt, nachdem sie in „einem Anfall von Wahnsinn" von Mitgliedern der Eisenbahndirektion gestrichen worden waren.

„Nicht einmal beim allabendlichen Strangulieren von Desdemona im National Theatre handelte Sir Laurence aus edleren Motiven", schrieb Collie Knox, ein Mitglied des Garrick Clubs, an den *Daily Telegraph*. Die *Times* berichtete, daß Olivier ein Telegramm erhalten hatte: „Wir freuen uns, daß Sie dieses Jahr beim traditionellen Fischessen dabei sind". Ich hatte in diesem Zusammenhang zum ersten Mal vom *Brighton Belle* gehört, einem Pullmanwagen, der, mit rosafarbenen Lampenschirmen auf jedem Tisch, zwischen der Victoria Station in London und Brighton hin- und herpendelte.

Diese einmalige Institution war so typisch englisch wie Rühreier und geräucherte Heringe, wie Stiltonkäse und Portwein. Der *Brighton Belle* fährt nicht mehr. Vor ein paar Jahren fiel er dem, was man Fortschritt und modernes Leben nennt, zum Opfer. Aber in einem Buch, das die gute alte Zeit zum Thema hat, darf er natürlich nicht unerwähnt bleiben. Selbstverständlich hält der *Belle* in technischer Hinsicht einen Vergleich mit dem *Mistral* in Frankreich, den TEE-Zügen in Deutschland oder den schweizerischen Leichtmetallzügen nicht stand; aber er war viel schöner. Er fuhr seine achtundachtzig Kilometer lange Fahrstrecke in 55 Minuten.

Verglichen mit den französischen königsblauen Wagon-Lits nahmen sich die viel kleineren Pullmanwagen der britischen Eisenbahngesellschaft wie eine Spielzeugeisenbahn aus. Der Zug bestand aus vier Pullmanwagen Erster Klasse (mit je 20 Sitzen) und sechs Zweiter Klasse-Wagen (mit je 48 bis 56 Sitzen). Die Wagen Erster Klasse hatten weibliche Vornamen: Doris und Hazel, Audrey und Vera, Mona und Gwen. Fast jeder im *Brighton Belle* war ein Stammgast, und fast jeder Stammgast hatte seinen Lieblingswaggon.

Ich fuhr von der Victoria Station nach Brighton mit dem 11-Uhr Vormittagszug im Waggon Hazel, weil er ein Nichtraucherabteil hatte. Die Doris nebenan war nur für Raucher. Victoria Station war grau und häßlich wie immer, aber die Stimmung änderte sich schlagartig, sobald man Gate 14 mit dem kleinen blau-weißen Schild „Brighton Belle" passiert hatte. Ein aristokratischer Zugschaffner, wahrscheinlich vom Claridge's ausgeliehen, grüßte mich freundlich, so, wie ältere Mitarbeiter bei Claridge's königliche Hoheiten und ehemalige königliche Hoheiten zu begrüßen pflegen. Später erzählte man mir, daß einige *Brighton Belle*-Schaffner gelegentlich im Privatzug Ihrer Majestät Dienst tun.

Als ich den holzvertäfelten Pullmanwagen betrat, umfing mich die unverwechselbare Atmosphäre eines alten, exklusiven Clubs. Rötliche Mahagoniholzwände mit eingelegten Ornamenten, Teppichboden in dunklem Gelb mit braunen Streifen, anthrazit-hellgrau karierte Sitze mit Armlehnen und weiß überzogenen Kopfstützen und der Bezeichnung „Pullman", zwei Sessel zu jedem Tisch (in der Zweiten Klasse gehörten vier Sessel zu jedem Tisch). Weiße Tischtücher, altes Silber, in das die Worte „Pullman Car Company Limited" eingraviert waren, und Staffordshire-

Porzellan. Das wirkte alles sehr viktorianisch, einschließlich einiger Damen, die mich an die Miss Marple aus Agatha Christies Romanen erinnerten.

Der Steward hieß Francis Tindell und versah seinen Dienst in einem Pullmanwagen bereits seit 35 Jahren. „Ein wenig länger, als dieser Wagen alt ist", sagte er und ließ seine Finger liebevoll über das Holz gleiten. „Er ist dreiunddreißig und macht sich immer noch ganz gut, nicht wahr, Sir?"

Ich stimmte ihm zu. Es wäre nicht nett gewesen, zu sagen: „Ja, aber wie lange wohl noch?" Pünktlich um 11 Uhr fuhr der Zug von Victoria Station ab und wurde rasch schneller. Ein anderer Vorortzug, der mit Zweiter-Klasse-Fahrgästen überfüllt war, fuhr parallel zu uns auf dem nächsten Gleis. Einige Leute starrten uns ehrfürchtig an, und ein Mann photographiere den *Brighton Belle* durch das Fenster. Der andere Zug sah nicht besonders schön aus und war wahrscheinlich auch nicht sehr komfortabel. Seit die Eisenbahn in England verstaatlicht ist, klagen viele Leute über den Zustand der Züge. Anthony Sampson nannte sie das „peinlichste aller viktorianischen Überbleibsel".

Obgleich sich der *Brighton Belle* wie ein Museumsstück ausnahm, war er mit dem Baujahr 1933 keineswegs sehr alt. Die Eisenbahnlinie nach Brighton ist allerdings viel älter. Die erste Zugverbindung London-Brighton wurde am 19. September 1841 eingeweiht. „Kirchenglocken verkündeten die gute Nachricht, und Feuerwerkskörper leuchteten am Himmel". Die Fahrzeit betrug zwei Stunden, im Vergleich zur sechsstündigen Busfahrt ein ungeheurer Fortschritt. Eine Fahrkarte kostete 14 Shillings und Sixpence (ich zahlte umgerechnet 3 Dollar und 60 Cents

Der Chain Pier und die Seepromenade; Stich aus dem 19. Jahrhundert.

Zuschlag für den Pullman). Erfrischungen gab es erst, nachdem 1875 der erste Pullmanwagen eingesetzt wurde. In den Wagen und auf den Bahnhöfen unterwegs galt
striktes Rauchverbot. Für Sixpence gab es Fußwärmer zu leihen, wenn die Wär-
meabgabe über das Heizsystem als ungenügend empfunden wurde. Bei jeder Station wurde ein Glas Wasser gereicht.

„Die Oberschicht des 19. Jahrhunderts konnte bequem in Zügen mit Wagen der
Ersten Klasse nach Süden fahren, und die arbeitende Bevölkerung genoß die billige
Tagesrückfahrkarte von London an die See", schrieb der Chronist Reg Moore.
Über Brighton war auch die Reise nach Paris kürzer. Dampfschiffe verkehrten re-
gelmäßig zwischen Brighton und Dieppe in Frankreich. So schrumpfte die Fahrzeit
London-Paris auf einen halben Tag zusamen. Wenn man Pech hat und lange War-

Der *Southern Belle* wird 1933 in
der Victoria Station wieder in
Brighton Belle umbenannt.

tezeiten auf dem Flughafen in Kauf nehmen muß, kann es mit dem Flugzeug länger dauern.

Im Jahre 1933 wurde die Strecke elektrifiziert. Ein Pullmanzug, der ursprünglich *Southern Belle* benannt war, wurde in Betrieb genommen. Ein weiterer Pullmanzug, der *Bournemouth Belle,* verband Waterloo Station mit dem berühmten Erholungsort in Hampshire. Auch diesen Zug gibt es nicht mehr. Die *Belles* sterben aus. Das Personal macht sich keine Illusionen.

„Eines Tages in nicht allzu ferner Zukunft werden sich unsere wunderschönen Wagen in ihre Bestandteile auflösen", meinte Mr. John Verrall, unser Zugschaffner. Neben den zehn Waggons dieses Zugs stehen noch fünf weitere im Depot in Brighton, und sie sind genauso alt. Es ist eine reine Zeitfrage. Wirklich zu schade. In der ganzen Welt arbeiten Eisenbahnen mit Defizit, der *Brighton Belle* hingegen macht Gewinn. Moderne Pullmanwaggons mit Klimaanlage würden sich wahrscheinlich bezahlt machen. Immer mehr Leute kommen davon ab, mit dem Auto an die Küste zu fahren.

Mr. Verall erzählte mir, daß der *Brighton Belle* bis vor wenigen Jahren noch von einer privaten Organisation, der Pullman Company, betrieben wurde. Er selbst habe unter diesem Dienstherrn eine elegante Uniform mit Goldtressen getragen. Der Service soll seinen Worten nach ausgezeichnet gewesen sein und dem in einem Nobelhotel in nichts nachgestanden haben. Das Essen wurde auf Silber und grüngoldenem Porzellan serviert. Die Weinliste suchte ihresgleichen. Mr. Verrall gestattete sich einen leisen Seufzer.

Später servierte Mr. Tindell den Tee. Die Teekanne war nicht aus altem Silber, sondern aus irgendeinem glänzenden Metall, in das die Inschrift „British Rail" eingraviert war. Der Tee war jedoch ausgezeichnet. Mr. Tindell zog sich zurück, nachdem er den Tisch noch einmal prüfend überblickt hatte – Tee, heißes Wasser, Milch, Zitrone, Zucker. Alles stand an seinem Platz.

Mr. Verrall berichtete, daß jede Fahrt des *Brighton Belle* ihre eigene Atmosphäre habe. „Wir fahren frühmorgens von Brighton los, wo das Personal wohnt. Diesen Frühzug nehmen Geschäftsleute und Damen, die nach London fahren, um Einkäufe zu machen. Viele Fahrgäste frühstücken im Zug."

„Rühreier und geräucherten Hering?"

„Aber natürlich. Der 11-Uhr-Zug von London nach Brighton befördert in den Sommermonaten vor allem sonnenhungrige Städter. Den 12 Uhr 45 von Brighton nach London dagegen benutzen viele Geschäftsleute, die auch meist im Zug zu Mittag essen. Der 14-Uhr-Zug ab Victoria Station befördert gemischtes Publikum. Theaterbesucher und Schauspieler bevorzugen den 17 Uhr 45-Zug von Brighton, der um 18 Uhr 40 in London ankommt. Mit dem 19-Uhr-Zug fahren viele Geschäftsleute nach Brighton zurück und genießen bei uns einen Drink vor dem Abendessen zuhause. Der 20 Uhr 45-Zug von Brighton ist im Sommer immer überfüllt. Die Sonnenhungrigen haben dann genug frische Luft geschnappt und fahren in die Stadt zurück. Der 23-Uhr-Zug von Victoria ist jedoch der beste, wenn ich einmal so sagen darf. Mit dem fahren die Künstler und Impresarios nach Hause. Wenn das neue Stück ein Erfolg war, fließt der Champagner in Strömen. Da kann es dann recht hoch hergehen". Im *Brighton Belle* kann man noch einen Drink bekommen, wenn die Pubs bereits geschlossen sind. Die Bestimmungen über Ausschankzeiten gelten nicht für den „fahrenden" Zug.

Brighton ist bei Theaterleuten in Mode gekommen, die dem Smog entfliehen; in Brighton haben sie das ganze Jahr über die Küste vor ihren Häusern und Appartements. Im Zusammenhang mit der „Herings-Affäre" hörte man einige Namen bekannter Stammfahrgäste des *Brighton Belle:* Olivier, Dame Flora Robson, Anna Neagle, Sir John Clements, Paul Scofield, Alan Melville.

Mr. Ronald Simpson, der Chef de Cuisine unseres Zuges, ein tüchtiger Mann um die 60, erzählte, er könne 192 Gäste in fünf Wagen mit Frühstück, Mittag- oder Abendessen versorgen. Das stelle ich mir bei einer Fahrzeit von weniger als einer Stunde gar nicht so einfach vor. Der Zug war oft mit 384 Fahrgästen voll besetzt, und doch schaffte das vierzehnköpfige Personal (plus 1 Schaffner und 1 Techniker) alles spielend. Die Küche ist ein Wunderwerk an wohldurchdachter Zweckmäßigkeit, nicht größer als ein Familienkleiderschrank. Eine kleine Arbeitsfläche, ein Elektrogrill, ein kleiner Tisch, das Spülbecken. Mr. Simpson konnte mit Fisch (Hering oder Heilbutt), Steak, Schinken, Käse, Butter, Salat und anderen Köstlichkeiten aus seinem kleinen Kühlschrank aufwarten. Das Menü umfaßte Tagessuppe, Eier − nach Wunsch zubereitet −, Welsh Rabbit, geräucherte Heringe, gebratenes Heilbuttfilet und gegrilltes Steak zu sehr vernünftigen Preisen. Wenn der Küchenchef nicht zu viel zu tun hatte, bereitete er für einen Stammgast schon auch mal ein Omelett zu oder ein anderes Gericht, das nicht auf der Karte stand. Zusätzlich gab es kalte Speisen und Sandwiches.

Die Weinkarte („. . .sie ist längst nicht mehr das, was sie einmal war, Sir") war erstaunlich. Champagner, zwei rote Bordeaux, zwei rote Burgunder, zwei Rosés, ein Pouilly-Fuissé, die unvermeidliche Liebfrauenmilch, ein Zeltinger Riesling, ein elsässischer Wein, vier verschiedene Sherries, ein Dutzend Schnäpse und Liköre, ein halbes Dutzend Biersorten, Apfelsaft, Mineralwasser, Fruchtsäfte und Pepsi Cola. Der *Brighton Belle* war das ideale Transportmittel nach Brighton, denn dieser Zug gehörte − genau wie die Stadt − der Vergangenheit an.

Brighton ist zweifellos eine merkwürdige Stadt. Der Bahnhof wurde von David Mocatta finanziert. Sein „frühitalienischer Stil", was immer das sein mag, erinnert an einen orientalischen Palast und würde in Südkalifornien sicher als Weltwunder bestaunt. Der Bahnhof wurde auf einem künstlichen Plateau, das man aus der steil aufsteigenden Dyke-Road herausgeschnitten hatte, errichtet. Die Vorderfront schmückt eine Arkade, und ein Säulengang führt ringsherum. Früher war dies alles nachts von mehreren hundert Gaslichtern erhellt. Der Spaß kostete den Spender nicht mehr als 12000 Pfund − geschenkt! Dreieinhalb Millionen Menschen strömen jährlich durch diesen Bahnhof.

Wie der London-Baedeker aus dem Jahr 1866 schreibt, ist Brighton, der bekannteste Erholungsort in der unmittelbaren Umgebung Londons, bis zum Jahre 1782 ein armes Fischerdorf gewesen und hieß früher einmal Brighthelmstone. Man weiß mit Sicherheit, daß die Römer schon dort gewesen sind. Im elften Jahrhundert gehörte das Land Lord Godwin, dem Vater von König Harold, der in der Schlacht von Hastings sein Leben und sein Land verlor . . . Im Jahr 1782, so heißt es weiter, ließ Georg IV. (der damalige Prinz von Wales) den „Royal Pavilion" bauen, ein

Der Bahnhof von Brighton und die Dyke Road im Jahre 1841. Früher wurde die Kolonnade, die um das ganze Gebäude herumführt, nachts von mehreren hundert Gaslampen erhellt.

ebenso großes wie häßliches Gebäude im orientalischen Stil, und verbrachte später jedes Jahr mehrere Monate dort. Königin Victoria war oft hier zu Gast. Seit 1851 ging der Pavillon von Brighton in den Besitz der Stadt über und wurde oft für öffentliche Veranstaltungen genutzt.

Der Royal Pavilion existiert immer noch und ist von so monumentaler Häßlichkeit, daß man fasziniert davorsteht. John Nash vollendete das ursprünglich im „hindustanischen Stil" erbaute Gebäude im Jahr 1822. Touristen finden es aber nicht selten bezaubernd, auch wenn sie es stilistisch nirgends einordnen können. Man weiß, daß Brightons Blütezeit in die Regentschaftszeit, also zwischen 1811 und 1820 fiel, als Georg, Prinz von Wales (der spätere Georg IV.) für seinen Vater Georg III. regierte. Es war eine Periode kultivierten Übermuts und aristokratischer Exzentrik. Der wohlbeleibte Regent war zwar niemals so populär wie beispielsweise Charles II. Er sah unmöglich aus und trug ein Korsett. Aber er herrschte in einer Ära, die vielen Engländern schon wegen des Trinkens, Spielens und der Skandale ans Herz gewachsen ist. Und all dies trug sich meistens in Brighton zu.

Im Pavillon merkt man nichts vom „Regency Style"; es gibt hier keine gestreiften Seidentapeten, keine weiß-gold gestreiften Bezugsstoffe, keine blauen Zimmerdecken mit Goldsternen. Statt dessen winden sich auf den Plafonds des Pavillons Drachen und Schlangen, in den Musikzimmern steht eine Orgel, und es gibt

Kristalleuchter. Die Hauptattraktion des Pavillons ist immer noch die Küche mit Attrappen von Fleischstücken und einem Spieß, auf dem tatsächlich eine ganze Ochsenattrappe rotiert. Wenn man durch die Räume geht, meint man leise Musik, Streichquartette von Haydn und Mozart, zu vernehmen. Der Royal Pavilion wird nie seine Anziehungskraft einbüßen.

Der interessanteste Zeitabschnitt in Brightons Geschichte war jedoch nicht die „Regency", sondern die Zeit vorher, von 1750 bis 1790, als aus dem Ort *die* Heilquelle für die Londoner Hypochonder zu werden begann. Zwei Ärzte, Dr. Richard Russell und sein Nachfolger, Dr. Anthony Relhan, entdeckten, daß Meerwasser krankhafte Wasserscheu und viele andere Leiden kurieren könne.

Brighton war zu dieser Zeit immer noch ein Dorf, aber die vornehmen Leute strömten nur so hin, nachdem ihnen Dr. Russell erklärt hatte, das Baden in Salzwasser würde die Krankheiten heilen, die durch überreichlichen Gin-Genuß, unmäßiges Essen und zu viel kalte Luft verursacht worden waren. Das Baden im Meer war kein Vergnügen und sollte auch keines sein. Im November 1782 schwamm Fanny Burney, die Schriftstellerin, im kalten Wasser in Gesellschaft von Mrs. Thrale, der Freundin von Samuel Johnson, um ihr Leben − pardon, um ihre Gesundheit. Es muß schrecklich gewesen sein. Der Schicklichkeit wurde Genüge getan, indem man Damen und Herren an verschiedenen Stellen ins Wasser gehen ließ; die Herren besahen sich die Damen durch das Fernrohr − zumindest behaupten das die Reiseführer. Wie bei allen Badeorten war das Wort des Kurarztes Gesetz. Die armen Patienten mußten nicht nur im kalten Meer schwimmen, und das möglichst im Morgengrauen, sondern das schreckliche Salzwasser auch noch trinken. Der Nachfolger von Dr. Relhan, ein gewisser Dr. Awsiter, schrieb: „Um dem Ekelgefühl, der Übelkeit und dem Durst beim Genuß von Meerwasser zu entgehen, sollte es mit der gleichen Menge Milch verdünnt werden. So wird es zu einer wertvollen Medizin."

Als der Regent und sein Hof in den späten 80er Jahren des 18. Jahrhunderts angekündigt waren, bat man die „kranken" Leute höflich, den Ort zu verlassen, da der Regent voller Lebenslust war und keine Kranken sehen wollte. Aber Brighton war schon ein bedeutender Badeort geworden, hatte Quellen mit Namen wie „Stromboli" und türkische Bäder, die „Shampoos" genannt wurden. Den deutschen Heilbädern hatte man die probaten Behandlungsmethoden abgeschaut und bot sie nun auch hier an.

rechts: Der Royal Pavilion in Brighton, ein merkwürdiges Bauwerk im orientalischen Stil, vom Prinzregenten im Jahre 1782 in Auftrag gegeben.

nächste Seite: Der Old Pavilion und Steyne. Ein Stich von C. Richards aus Brighton, 1806.

oben: Fanny Burney, die Schriftstellerin, die im Winter 1782 zur Kur nach Brighton kam.

unten: Ein Sonntagmorgen im Jahre 1879. Elegante Spaziergänger promenieren an der Küste.

Ein gewisser Mr. Nathan Smith war glücklicher Besitzer einer Luftpumpe, mit der er den Geplagten „die Gicht aus dem Körper ziehen" konnte. Im Jahre 1811 gelang es einem ortsansässigen Schmied, die Zahnschmerzen des Regenten zu mildern, indem er ihm heißen Rauch in den Mund blies. Um die Jahrhundertwende gab es in Brighton warme Meerwasserbäder, die angeblich viele Leiden kurieren konnten.

Der Regent hatte Brighton zusammen mit seinem Hof verlassen, der Pavillon galt bereits als Monstrum, aber der Baustil der Regentschaftszeit blieb. Er ist auch heute noch an den Gebäuden, den Balkonen und Straßenlaternen der am Meer gelegenen King's Road erhalten geblieben. Die Laternen haben kleine Krönchen, überall sind bunte Lämpchen angebracht, sogar an den Straßenbeleuchtungen. In der Belle Epoque muß das eine Sensation gewesen sein. In Brighton werden die ansonsten eher zurückgezogen lebenden Engländer gesellig. An warmen Sommertagen versammeln sich dort Zehntausende von Transistorradio-bewaffneten Menschen; einen halben Kilometer von diesem Pulk entfernt ist der Strand leer.

Die wichtigen Hotels liegen an der King's Road, der Seepromenade. Das Grand, vom Baedeker bereits im Jahre 1866 gepriesen, steht immer noch an seinem Platz, Ruhe und eine gewisse Wohlhabenheit ausstrahlend, mit vielen Säulen und Jugendstil-Verzierungen. Hier halten sowohl die Konservativen wie auch die Labour Party ihre alljährlichen Versammlungen ab. Auffällige Gäste, Obristen und Wettunternehmer steigen angeblich gerne im Metropol ab. Gleich in der Nähe sind die Rennbahnen von Goodwood und Kemp Town, mehrere Golfplätze, Bowlingbahnen, Eisbahnen, Dutzende von Kinos und wunderschöne Spazierwege zwischen den Hügeln der South Downs. Im berühmten Theatre Royal kommen viele Stücke zur Aufführung, ehe man sie in London sehen kann. Es gibt ausgefallene Läden, wie beispielsweise das Ye Olde Fashion Humbugge Shoppe, und viele gemütliche Pubs.

Man sagt, Brighton sei der Treffpunkt der heimlichen Liebespaare, der Unterwelt, der Welt des Sports und der Vorstadt-Feriengäste. Auch die Zunft der Wahrsager ist vertreten – wer daran glaubt, kann sich die Zukunft aus der Hand lesen lassen, er kann sie aus einer Kristallkugel erfahren und auf viele andere Arten. Dies zieht heute wunderliche Leute und Leichtgläubige ebenso nach Brighton, wie es einst die Nachricht tat, das Meerwasser könne alle Leiden kurieren. Jeder Kurort kann nur so lange existieren, wie die Leute an seine Kraft glauben, und wenn man die Menschenmassen sieht, die nach Brighton strömen, dann muß dieser Glaube ungebrochen sein.

Es gibt immer noch schöne alte Häuser, Terrassen und Plätze im „Regency"-Stil an der King's Road. Sie blieben bestehen, obwohl überall sonst in England der viktorianische Stil dominiert. Eine ganze im „Regency"-Stil erbaute Stadt hingegen, Kemp Town, verfiel und verwahrloste völlig, bis man sie wie Pimlico in London und das Marais-Viertel in Paris wiederentdeckte. Man muß diese unglaubliche Stadt gesehen haben, um sich ein Bild von ihr machen zu können. Das gilt auch für die Lanes, ein verwirrendes Labyrinth von engen Gäßchen mit Buchläden, Boutiquen, Antiquitätengeschäften und solchen, die gerne als solche angesehen werden möchten; man kann sich darin so herrlich verirren. Früher drängten sich viele

links: Das Friedrichsbad in Baden-Baden. Links im Bild ist das herzogliche Bad zu sehen. Zum Neuen Schloß, heute ein Museum, führen zahlreiche Stufen hinauf.

Schaulustige in den Lanes, und das Geschäft florierte, was immer auch angeboten wurde. Vieles ist ganz einfach Plunder, aber mit etwas Geduld und Ausdauer kann man auch eine schöne alte Uhr, Wertvolles aus Messing oder einen alten Druck finden, alles echt und vielleicht sogar seinen Preis wert, wenn man ein wenig feilscht. Man hat Brighton mal mit einem britischen Mikrokosmos verglichen, weil es dort so viele verschiedene Lebensstile gibt. Heute leben Geschäftsleute, Börsenmakler, Bankiers und Theaterleute das ganze Jahr über in Brighton.

Brighton hat seinen Ruf als Sündenpfuhl überlebt, in dem man auf Schritt und Tritt auf „leichtfertige Frauenzimmer" traf. Sie promenieren heute auf den belebtesten Straßen Londons, und man findet das gar nicht mehr so unmoralisch. In Brighton spiegeln sich 200 Jahre englischer Geschichte wieder. Ein Besucher, der die King's Road entlang promeniert, glaubt sich in Thackerays *Vanity Fair* versetzt. Ein gewisses sündhaftes Flair, das noch einmal mit dem unnachahmlichen Prinz von Wales, dem späteren Edward VII., auflebte, ist auch heute noch in der Vorstellung vieler Briten mit Brighton verbunden. Aber heute ist Brighton nicht mehr frivol; es ist ein faszinierender Spiegel, in dem man die Vergangenheit wiedererkennen kann.

Brighton steht heute an der Schwelle einer ungewissen Zukunft. Wie so viele Orte mit großer Vergangenheit befindet sich auch Brighton am Scheideweg. Soll es eine schöne, wenn auch manchmal etwas skandalöse Vergangenheit endgültig hinter sich lassen und ein „Schreckgespenst aus Beton" werden? Warnende Anzeichen dafür gibt es schon.

Der große Marie-Antoine (Antonin) Carême, Gründer der klassischen französischen *grande cuisine,* bereitete eines Tages im Januar 1817 für den Prinzregenten und vierzig Gäste ein Mittagessen zu, von dem noch eine Speisekarte existiert. Man muß sie gesehen haben, um es glauben zu können: Sie ist traumhaft und monströs zugleich, wie so vieles in Brighton − uns scheint sie heute vor allem traumhaft.

Das Menü beginnt mit acht Suppen, darunter *tortue au vin de Madère,* es folgen acht Fischgerichte *(le turbot grillé sauce aux huîtres, le saumon à la Génoise),* danach gibt es sage und schreibe zweiundvierzig *entrées (de petits soufflés de volaille et de gibier, le turban de filets mignons à l'écarlate),* acht verschiedene Braten, vierzig Zwischengerichte *(les truffes à l'italienne, les œufs à la Bretonne)* und ganz, ganz am Schluß − zur Auswahl standen 124 verschiedene Gerichte − konnte man das Essen mit *fondue au Parmesan* oder *petits soufflés à l'orange* beenden. Alle diese Köstlichkeiten wurden gleichzeitig serviert. Dieses Mittagessen muß fast so unglaublich gewesen sein wie der Royal Pavillion, in dem es serviert wurde. Die Gäste hatten jedoch gewisse Probleme: Wenn sie am Tischende saßen, mußten sie *les filets de canards* essen, die dort serviert wurden, während die Glücklichen am anderen Ende des Tisches *escaloppes de faisans aux truffes de France* auf den Teller bekamen.

Das Durcheinander muß ungeheuer gewesen sein, und dies alles spielte sich lange vor der Erfindung von Alka-Seltzer ab. Aber dem Prinzregenten gefiel es über die Maßen, und am nächsten Tag gab es wieder so ein aufregendes Essen. Ihm machte der *service à la française,* das gleichzeitige Auftragen vieler Speisen, nichts aus. Er versicherte Carême, daß seine Gerichte „leicht verdaulich" seien. George Auguste Escoffier, Carêmes Nachfolger als großer Erneuerer der *grande cuisine,*

Der Royal Pavilion, ein Phantasie-Palast, den der Prinzregent in Auftrag gegeben hatte, wurde im Jahre 1820 von Nash vollendet. Das Äußere des exotisch anmutenden Gebäudes ist von indischer Architektur beeinflußt, während das Innere die Vorliebe des Prinzregenten für chinesische Kunst widerspiegelt.

links: Der Royal Crescent. Eine der wenigen Häuserreihen in Brighton mit Backsteinfassade.

unten: Die Nordseite des Sussex Square in Kemp Town mit einer Häuserfassade im Regency-Stil.

schrieb: „Carême hatte die wesentliche Tatsache begriffen, daß Magen und Gaumen um so schneller von einer Speise genug haben, je üppiger sie zubereitet ist."

All dies trug sich in Brighton zu und nicht an irgendeinem sonnigen Ort in Frankreich. Kein Wunder, daß es in Brighton Leute gibt, die über „Prinny", den Prinzregenten, sprechen, als wäre er immer noch da, und die über die Bestrebungen der modernen Stadtplaner entsetzt sind. Wo sind nur die Zeiten geblieben, als der Prinzregent mit seiner Frau *und* mit Mrs. Fitzherbert unter einem Dach lebte und eine moralische Großzügigkeit in Brighton herrschte, die man im übrigen England nicht einmal für denkbar gehalten hätte, die Zeiten, als John Nash und Robert Jones sich nach Kräften bemühten, den Royal Pavilion noch unglaublicher zu gestalten, und Charles Busby und Amon Wilds ihre verrückten und wunderschönen Fassaden im „Regency"-Stil schufen! Wo, wenn nicht in Brighton, könnte man sich einen Platz wie Brunswick Square vorstellen mit seinem kleinen, palastartigen Gebäude, das zum Meer hinausblickt? Sogar Fürst Metternich äußerte sich lobend über Brighton.

Königin Victoria gefiel es allerdings nie hier, und sie kam nur bis zum Jahr 1845 in den Pavillon. Sie war es leid, von all den Leuten immer angestarrt zu werden. Fünf Jahre später wurde der Royal Pavilion für lumpige 53000 Pfund an die Stadt Brighton verkauft. Die Ironie des Schicksals wollte es, daß man danach allgemein im viktorianischen Stil zu bauen begann, so daß sich Sir Oberst Sitwell später beklagte, Brighton sei ein Opfer der viktorianischen Elephantiasis geworden.

Irgendwie hat Brighton überlebt und führt nun sein Eigenleben zwischen dem alten „Regency"- und dem viktorianischen Stil und den neuen Nicht-Stilen um das Rank Centre und dem Churchill Square weiter. Wahrscheinlich nennt man das Fortschritt, aber es hätte nicht ausgerechnet Brighton passieren dürfen. Glücklicherweise gibt es immer noch den Palace Pier, und sieben Millionen Menschen strömen jährlich hierher, um sich in den Restaurants, auf den Promenaden und in den Spieletablissements zu vergnügen. Den größten Besucheransturm erlebt Brighton im November, wo das Wetter fast immer schlecht ist, anläßlich der Brighton Rally.

Aber vielleicht ist das nicht der einzige Grund für die Gäste, Brighton einen Besuch abzustatten. Sie wollen einmal den Ort erleben, an dem sich die Londoner High Society amüsierte, wo nach 1950 die Herren Direktoren mit ihren Sekretärinnen ein Wochenende zu verbringen pflegten. Eine Fahrkarte für den *Brighton Belle* war eine Fahrkarte in ein „sündhaftes Wochenende", in jedem Falle aber in ein aufregendes Abenteuer.

Den *Brighton Belle* gibt es nicht mehr, auch nicht mehr den Lebensstil der damaligen Zeit, aber Brighton steht noch immer an seinem Platz, mit seinen Lanes, den alten Pubs, einem Lunch in der English Oyster Bar und bei Wheeler's, mit den wunderschönen Häuserfassaden und den Erinnerungen an die Vergangenheit. Der Royal Pavilion steht noch, und manche Leute werden sich wundern, wie es zu so etwas kommen konnte. Wie gesagt, nur wer ihn sieht, glaubt es. Ich kann nur hoffen, daß Brighton im großen und ganzen das Brighton der Vergangenheit, das Brighton, das „Prinny" schuf, bleiben wird.

Baden-Baden

Blick vom Neuen Schloß über Baden-
Baden. Im Hintergrund die Hügel
des Schwarzwalds.

Baden-Baden ist einfach unverwüstlich. Nach zwei Weltkriegen und diversen Katastrophen, die vielen anderen eleganten Badeorten Europas das vornehme Rückgrat gebrochen haben, ist Baden-Baden nach wie vor Deutschlands berühmtester Kurort, Schauplatz feudaler Grandeur und exklusiver Zurückgezogenheit. Der Doppelname diente nach 1535 zur Unterscheidung der beiden Markgrafschaften Baden-Baden und Baden-Durlach und blieb nach deren Vereinigung im Jahre 1771 erhalten. Heute dient er dazu, den eleganten Kurort von dem weniger eleganten Baden bei Wien und dem überhaupt nicht eleganten Baden bei Zürich zu unterscheiden. Der große Aubusson-Teppich in der barocken Spielhalle soll auf der ganzen Welt seinesgleichen suchen. Das Kasino gilt als das am kostbarsten ausgestattete Europas und ist Deutschlands ältestes Spieletablissement.

Es wurde 1821 nach einem Entwurf von Friedrich Weinbrenner als Ersatz für das „Promenade-Haus" aus dem Jahre 1776 gebaut. Zunächst ging das Geschäft schlecht, erst die Zeit des Wiener Kongresses brachte Aufschwung. Die Lage auf dem halben Weg zwischen Paris und Wien und zwischen Rußland und Spanien machte Baden-Baden zu einem beliebten Zwischenaufenthaltsort für Diplomaten und Herzöge. Viele blieben monatelang und ließen große Summen da. Baden-Badens Glückssträhne begann im Jahre 1832, als in England eine Kampagne gegen das Glücksspiel gestartet wurde. Sechs Jahre später ließ Louis-Philippe in Frankreich alle Spielkasinos einschließlich des Palais Royal in Paris schließen. Damit hatte er aber den Franzosen natürlich nicht ihren Spieltrieb abgewöhnt; sofort begannen sie, sich nach einem angenehmen Ort umzusehen, an dem sie ihr Geld verlieren konnten. Sie fanden etwas Passendes am Ostufer des Rheins, in Baden-Baden, das damals schon als „Sommerhauptstadt Europas" bekannt war.

Mit den Spielern kam Jacques Bénazet, ein legendärer Unternehmer, der Pächter des Palais Royal gewesen war. Seiner Ansicht nach gehörten zu einem Spielkasino mehr als nur Roulette-Tische, nämlich schöne Frauen, gutes Essen und vorzügliche Weine, Unterhaltung und gepflegte Parkanlagen, in denen die unglücklichen Verlierer die Verluste der letzten Nacht vergessen konnten. In Baden-Baden fand er dies alles vor: eine ideale Szenerie, ideale klimatische Verhältnisse und eine nahezu ideale Geschichte. Gallischer Esprit und deutsche Gemütlichkeit waren hier perfekt miteinander verschmolzen. Nur der Rhein trennte einen deutschen Riesling von einem französischen.

Jacques Bénazet, zu dieser Zeit bereits der ungekrönte König Baden-Badens, und sein Sohn Edouard, „Le Duc de Zéro", verliebten sich in diese Stadt. Sie investierten große Summen und gingen großzügig ans Werk. In der Großherzogin, der geborenen Stéphanie de Beauharnais, einer Adoptivtochter Napoleon Bonapartes und einer Dame mit stark ausgeprägten gesellschaftlichen Ambitionen, fanden sie eine begeisterte Verbündete. Die Bénazets bauten das heruntergekommene Kasino zu einer Versailles-Imitation um. Die vier Hauptsäle wurden von den Bühnenbildnern der Pariser Oper gestaltet. Alle Stilarten, von der Renaissance bis zum Empire, sind in den Spielsälen vertreten. Da gibt es einen Wintergarten mit prunkvollen Brunnen und den „weißen" Salon im Louis XVI.-Stil; den „roten" Salon (Louis XIV.), der einst als Bühne für Theateraufführungen im kleinen Kreis diente; den „Salon Pompadour" oder „gelben" Salon (Louis XV.) mit einer wunderschö-

Kupferstich von einem der
Spielsalons des zu Beginn
des 19. Jahrhunderts von den
Bénazets erbauten Kasinos.
Die Innenausstattung
stammte von Bühnen-
bildnern der Pariser Oper.

nen Marly- und Trianon-Imitation; und dahinter den „grünen" Salon (Louis XIII.),
in dem früher große Bälle stattfanden. Puristen mögen sich vielleicht von dem
architektonischen Mischmasch abgestoßen fühlen, aber unter Europas Spielkasinos, von denen einige Mühe haben, ein respektables Aussehen zu präsentieren, ist
Baden-Baden ein Edelstein − wenn auch eine Imitation.

Nach der Gründung des Deutschen Reiches im Jahre 1870 wurde das Glücks-
spiel gesetzlich verboten, und alle deutschen Spielkasinos mußten schließen. Was
für Baden-Baden den sicheren Tod bedeutete, brachte Monte Carlo neues Leben.
Die französischen Kasinos wurden über Nacht zum Eldorado des internationalen
Glücksspiels. Mehr als sechzig Jahre rollten die kleinen Elfenbeinkugeln in Baden-
Baden nicht mehr. Am 3. Oktober 1933 eröffneten die Nazis das Kasino wieder,
nicht etwa weil sie vom Glücksspiel begeistert waren, sondern weil sie die harte
Währung brauchten, um ihre Interessen zu finanzieren. Die Zeit der wirtschaft-
lichen Depression hatte jedoch die Bargeldreserven schrumpfen lassen, und vielen
Spielern behagten die martialischen Männer mit ihren Säbelnarben und ihren was-

serstoffblonden Damen an den Roulette-Tischen gar nicht. Im Jahre 1944 wurde das Kasino erneut geschlossen und schließlich am 1. April 1950 mit Genehmigung der französischen Besatzungsbehörden wiedereröffnet.

Den Bénazets würde das Kasino, wie es heute aussieht, gewiß gefallen. Es ist größer, heller und eleganter denn je, und man spielt Roulette, Baccarat und Black Jack; Roulette von 2 Uhr nachmittags bis 2 Uhr früh, Baccarat bis 7 Uhr früh. Jeder über 21 kann spielen, Einheimische und Studenten ausgenommen. In den letzten Jahren ist die Bank mehrfach gesprengt worden. Im Unterschied zu Monte Carlo wird der Tisch nicht mit einem schwarzen Tuch abgedeckt, während neues Geld herbeigeschafft wird. Das Geld wird hereingebracht, und der Croupier ruft: „Bitte das Spiel zu machen!"

Das Friedrichsbad nach einem Stich aus dem Jahre 1889. Es wurde gebaut, als die Hauptattraktion des Ortes, das Kasino, geschlossen wurde. Hier fließen die heißesten Quellen Europas.

Baden-Badens zweite Attraktion sind seine Heilquellen, die viel älter als die Spielsäle sind. Die Römer entdeckten die Thermalquellen von Aqua Aureliae vor zweitausend Jahren. Kaiser Caracalla (211–217) persönlich legte die recht undemokratischen Bäder an, deren Anlage man heute unter dem Römerplatz besichtigen kann. Ganz unten lagen die Bäder der römischen Fußsoldaten, darüber die der Offiziere und ganz oben die der kaiserlichen Herrscher. Theophrastus Paracelsus, der Naturheilkundler aus dem 16. Jahrhundert, schrieb im Jahre 1541, Gott habe bei der Schöpfung bestimmt, daß mehr Kraft in den Quellen zu finden sei als in gelehrter Medizin; und die heißen Quellen von „Badin" seien besser als alles andere.

Die heißen Quellen von Baden-Baden entspringen nordöstlich der Stiftskirche aus einer Tiefe von 2160 Metern und sind die heißesten in Europa. Die berühmtesten sind die Friedrichsquelle (65° C), die Höllenquelle (70° C) und die Kühle Quelle, die „nur" 55° C warm ist. Alle diese Quellen sind radioaktiv. Die Murquelle enthält 60.7 Mache-Einheiten Radon. Bekannte Namen sind noch die Klosterquelle, die Brühquelle und die Judenquelle; insgesamt sind es etwa zwanzig. Sie werden durch den Haupt- und durch den Kirchenstollen in die Bäder und Trinkhallen geleitet.

Das Friedrichsbad wurde 1869 erbaut und 1877 eröffnet, als die Spielsalons schließen mußten und Baden-Baden sich an seinen Ruf als Kurbad erinnerte. Die Anlagen wurden nach dem letzten Krieg von Grund auf renoviert und modernisiert und verfügen heute über mehr Maschinen und Apparaturen als eine mittelgroße Fabrik. Der Vielfalt an heißen und kalten Bädern, die man dort bekommen kann, sind keine Grenzen gesetzt. Vor über hundert Jahren predigte Pfarrer Kneipp sein Evangelium von der körperlichen Gesundung durch Wasserbehandlung. „Wasser", sagte er, „vermag fast jede Krankheit zu heilen!" Überzeugte Kneippianer, und davon gibt es Tausende in Europa, betrachten das Friedrichsbad als ihr Mekka. Das Heilwasser der heißen Quellen soll bei Arthritis, Neuralgien und Erkrankungen der Atmungsorgane Wunder wirken. In der Trinkhalle mit ihren sechzehn korinthischen Säulen und den fahlbraunen Terracottafliesen, die um 1840 gebaut wurde, treffen sich erholungsbedürftige Menschen aus ganz Europa zur Trinkkur. Die genaue Menge, die Zeit der Einnahme, die Temperatur des Wassers und andere bedeutsame Einzelheiten bestimmt ein Mitglied einer sehr ehrenwerten europäischen Vereinigung: der Kurarzt. Sein Wort ist hier Gesetz. Er schreibt dem Patienten nicht nur vor, wann und was er zu trinken hat und was er essen darf, sondern er deutet auch mit kaum merklichem Stirnrunzeln an, man werde ihm über ihn schon noch Bericht erstatten. Wahrscheinlich unterrichten ihn Ober, Zimmermädchen und andere Informanten über etwaige „Verstöße"; man hält sich also lieber von vornherein an seine Vorschriften. Natürlich kann die Kur auch Spaß machen, dann nämlich, „wenn Sie bereit sind, mitzumachen".

In den sechziger Jahren des 20. Jahrhunderts wurde die noch aus dem Jahre 1887 stammende alte Anlage durch das moderne Augustabad ersetzt. Es liegt hinter dem ehemaligen Kloster zum Heiligen Grab, das 1670 von der Markgräfin Maria Franziska gegründet wurde. Das Hauptgebäude mit der großen Empfangshalle hat sieben Stockwerke. Hier findet man alles, was Baden-Baden an Kurmöglichkeiten zu bieten hat: Wannenbäder mit Kaltwasser- und Spezialbehandlung, Schlamm-

links: Die Arkaden am Eingang der Trinkhalle. An den Wänden Fresken und Terrakottafliesen.

unten: Kaiser Wilhelm I., seit 1871 deutscher Kaiser, kam jedes Jahr mit zwölf Pferden, zwölf Kutschern und kleinem Gefolge nach Baden-Baden.

packungen, ein Inhalatorium, die Brunnenempore und schließlich noch ein Mineralwasserschwimmbad (18 x 8 m) sowie Sonnenterrassen. Der Patient kann zwischen zwei Anti-Streß-Behandlungen wählen, Anti-Streß I (mit medizinischer Kurüberwachung) und Anti-Streß II (ohne medizinische Überwachung), für den Fall, daß allein der Anblick eines Arztes schon seine Nerven belastet. Eine Broschüre informiert Sie darüber, daß Baden-Baden für die Streßbehandlung bestens ausgerüstet ist − und wer leidet heutzutage nicht unter Streß? Natürlich werden auch Behandlungsmethoden für allgemeine Ermüdungs- und Erschöpfungszustände geboten, ganz zu schweigen von Kurbehandlungen gegen Herz- und Kreislaufstörungen, Stoffwechselbeschwerden und Erkrankungen der Atemwege. Offensichtlich sprudeln in Baden-Baden Quellen gegen jedes Leiden.

Die Europäer sind leidenschaftliche Kurortbesucher. Sie sind überzeugt, daß es für jedes Wehwehchen den richtigen Badeort gibt. Kenner behaupten, daß die Kurärzte in Baden-Baden weniger streng in ihren Maßregeln sind als ihre Kollegen andernorts. Sie führen diese Umgänglichkeit auf das milde Klima und die sanfte Landschaft um Baden-Baden zurück. Tatsächlich ist in den seltensten Fällen eine Kur der wahre Grund für einen Besuch Baden-Badens; oft ist sie nur ein Vorwand, um sich ein paar Wochen zu amüsieren und zu entspannen. Wenn die Sonne aufgeht, waschen die Privatchauffeure die Limousinen der Patienten vor den Hotels, und wenn der Tag ausklingt, verlieren die Besitzer der Limousinen etwas Geld im Kasino. Glücksspiele werden von den Kurärzten nicht verboten. Mir ist aber auch kein Fall bekannt, bei dem aus Genesungsgründen dazu geraten wurde.

In Baden-Baden bleibt alles beim alten, und damit wären wir bei der eigentlichen Attraktion des Ortes. In Brenner's Park-Hotel schreiten gutbetuchte Gäste über den wunderschönen, großen Isfahan-Teppich in der Halle, den schon ihre ebenso gutbetuchten Väter und Großväter bewundert haben. Blau-weiße Zeichen mit der Aufschrift „Kurgebiet" trennen das plebejische Baden-Baden (49000 Einwohner) mit seinem lärmenden Verkehr von dem ruhigen, schattigen Teil der Stadt mit dem Kasino und den Hotels, den Luxussuiten und den begüterten Gästen. Auch ohne diese Hinweise wäre der Unterschied zwischen diesen zwei Welten nicht zu übersehen. Die Kurverwaltung tut alles, um das *fin de siècle*-Gepräge zu erhalten. Man weiß, daß die Kurgäste ihr Baden-Baden lieben und wiederkommen, weil sich dort nichts ändert. Heute bestehen die Gäste sogar darauf, daß man alles so läßt, wie es ist. Das ist natürlich ganz schön kostspielig. Wenn beispielsweise ein alter, zerschlissener Vorhang ersetzt werden muß, so muß der neue originalgetreu angefertigt werden, und das kostet schließlich Geld.

So war das damals. Steuern waren eine Lappalie und Reichtum ein Zustand, den man als selbstverständlich hinnahm. Beim morgendlichen Spaziergang auf der Lichtentaler Allee konnte man die Königin Viktoria, Kaiser Wilhelm I. und Zar Alexander II. treffen. Der Kaiser und der Zar genossen alle Annehmlichkeiten, Königin Viktoria dagegen bewohnte drei spartanisch eingerichtete Räume beim Prinzen Hohenlohe, ihrem Verwandten, in einem bescheidenen Holzhaus in der Kapuzinerstraße, nicht gerade die vornehmste Adresse. Die Einheimischen mochten sie wegen ihrer Bescheidenheit. Wie in Boston stellt man sich auch hier nicht gerne zur Schau. Man prahlt vor allem nicht mit seinem Reichtum. Die großen alten

Baden-Baden um das Jahr 1890. Kupferstich.

Villen in Baden-Baden mit all ihren Kostbarkeiten sind von dicken Mauern und alten Parks umgeben, die eine gewisse Distanz zur übrigen Welt schaffen.

Vor Jahren hat die Kurverwaltung in dem verzweifelten Bemühen, den Charme der Vergangenheit wiederaufleben zu lassen, die alten Laternen aus dem mittelalterlichen Teil der Stadt in das Kurgebiet versetzt. Die Illusion der Vergangenheit muß um jeden Preis aufrechterhalten werden. Ein sehr alter Herr, der Baden-Baden seit der Jahrhundertwende regelmäßig besucht, bestätigte mir, daß sich hier Gott sei Dank nichts verändert habe. Der Kurort ist immer noch ein einziger riesiger Park mit einem der schönsten Rasen südlich der britischen Inseln und mit exotischen Bäumen, die sorgfältig im Sinne einer eleganten Unordnung gepflanzt wurden. Bäume wurden aus Amerika, China, Japan, Griechenland und Spanien importiert. Da findet man den rotblättrigen Neuengland-Ahorn, Trauerbuchen und alte Sequoias. Die Allee ist so schön und gepflegt, daß die Bauern der Umgebung früher ihr Festgewand anzogen, wenn sie durchgehen mußten. Baden-Baden paßt sich mühelos seiner Umgebung an, den dunklen Wäldern und den sanften Hügeln des Schwarzwalds.

„Wenn man in dieser unserer Welt über neunzig Jahre alt werden muß", philosophierte der alte Mann, „dann sollte man es hier versuchen."

Ein kristallklarer kleiner Fluß, die Oos, durchzieht das liebliche grüne Tal. Er war einst die historische Grenze zwischen den Franken im Westen und den Alemannen im Osten und zwischen den Bistümern Speyer und Straßburg. Die Nonnen des Zisterzienserklosters wollten zum Einflußbereich des Bischofs von Speyer gehören, also verlegten sie eines Tages kurzerhand den Lauf der Oos, und so macht sie auch heute noch einen Bogen um das Land, das damals zum Kloster gehörte. Über den Fluß führen hübsche kleine Brücken, über die man die gepflegten Hotelparks erreicht. Schilder weisen darauf hin, daß der Eintritt nur für Hotelgäste erlaubt ist. Und überall stehen die alten Bäume.

„Kommen Sie nach Baden-Baden", schrieb Turgenjew an Flaubert, „es gibt Bäume hier, wie ich sie anderswo noch nie gesehen habe." In Baden-Baden sind die Bäume Ausdruck einer Weltanschauung. Heutzutage kann jeder, der das nötige Geld hat, Tennishallen, Golfplätze, Schwimmbäder, einen Hotelriesen und sogar ein Kurhaus bauen. Wer aber kann hundertjährige alte Bäume bauen?

Es *gibt* natürlich Tennisplätze, Golfanlagen, große Hotels, eine Rennbahn und ein Kurhaus in Baden-Baden. Aber das Auffallendste sind die Bäume. Im Park der Villa Ruschawey schrieb ich mir einige Namen von den Metallplaketten an den Baumstämmen ab: *Acer palmatum atropurpureum* (China), *Liriodendron tulipifera* (Amerika), *Cedrus atlantica* (Afrika), *Picea Abies* (Lappland), *Fagus silvatica purpurea* (Kaukasus), *Castanea sativa* (Südafrika). Es gibt sogar eine angeblich echte Akazie, der es hier in Baden-Baden mit seinem für seine geographische Lage so ungewöhnlichen Klima zu gefallen scheint, wo die Winter mild, die Sommer samten und Frühling und Herbst wahrhaft himmlisch sind. Wie der Patient im Kurhaus hat hier jeder Baum seine Geschichte, und viele von ihnen stehen unter Naturschutz. Und zwischen den alten Bäumen stehen alte Häuser voll alter Kunstschätze, die sich immer noch im Besitz der alten Familien befinden, die sie vor hundert Jahren gebaut haben und denen es gelungen ist, wirtschaftliche Depressionen, Steuern und Inflation zu überleben.

Entlang der Oos zieht sich ein altmodischer Tulpen- und Rosengarten mit sorgfältig geschnittenen Hecken, Blumenbeeten und mit verzierten Säulen, die anderswo abscheulich aussehen würden, hier aber nicht wegzudenken sind. Zwar werden jetzt einige alte Villen als Pensionen genutzt, und ein schönes Schloß wurde von der Bundesbahn aufgekauft und zu einem Ferienheim für überarbeitete Zugschaffner umfunktioniert. Aber das war auch schon das äußerste Zugeständnis Baden-Badens an den Wohlfahrtsstaat. Manchmal sind die teuren Hotels — und sie sind wirklich sehr teuer — bis auf das letzte Bett ausgebucht, während es in den bescheideneren Quartieren noch freie Zimmer gibt. So verlangte beispielsweise Brenner's Park-Hotel im Frühjahr 1979 für ein Doppelzimmer die stolze Summe von 260 DM pro Nacht, während in einem weniger renommierten Haus zwei Personen schon für 40 DM unterkommen konnten. Baden-Baden wird wohl auch in Zukunft Deutschlands teuerster Erholungs- und Kurort bleiben.

Wird man aber auch die nostalgische Atmosphäre beibehalten können? Schon gibt es erste Warnsignale. Die Lichtentaler Allee, einst Schauplatz frühmorgendlicher Ausritte von Kaisern und mitternächtliche Kulisse für verrückte Troikafahrten russischer Großherzöge, ist mit einer Asphaltdecke überzogen worden und hat sich zur Rennbahn für französische Jeeps entwickelt. Das scheint einige wunderschöne alte Eichen bis in die Wurzeln verletzt zu haben, und viele von ihnen sind angeblich dem Tod geweiht. Vor einigen Jahren druckte das *Badische Tagblatt,* die Lokalzeitung, eine Polizeiverordnung vom 19. Juli 1838 ab, derzufolge schon damals verschiedentlich Proteste wegen schnellen Fahrens und Reitens vorgetragen wurden, weswegen Reiter und Kutscher die Geschwindigkeit zu mäßigen hatten.

Der Appell blieb ohne Gehör. Die Hotelparkplätze sind voller Mercedes 600 und Rolls-Royces mit den dazugehörigen Privatchauffeuren. Eine ostdeutsche Zeitung berichtete ihren Lesern, daß in den Straßen Baden-Badens, der Stadt, in der ein Tag so viel kostet wie ein deutscher Arbeiter in der Woche verdient, die westlichen Snobs müßig auf- und abschlendern . . . Offensichtlich war der Reporter nicht an einem Wochenende in der letzten Zeit da. Mehr und mehr sind nämlich die Kieswege und die gepflegten Rasenflächen zum Tummelplatz einer Gattung Mensch geworden, die merkwürdige Strohhüte und das Hemd über der Hose trägt, kurz, die der verbreiteten Spezies „Kurschreck" angehört. Bei Wurst und Bier sitzen sie lärmend im Schatten einer altehrwürdigen Trauerbuche und verschandeln die Anlagen mit achtlos liegengelassenen Bierflaschen und fettigem Butterbrotpapier. Ihr Auftauchen war ein ziemlicher Schock für die Kurverwaltung. Man reagierte zunächst mit einem Plakat, das einen solchen Kurschreck zeigt, der sich in einem Spiegel wiedererkennt. Manch einer fühlte sich betroffen, und so blieb es nicht aus, daß viele der Plakate heruntergerissen wurden.

Die Kurverwaltung kämpft weiterhin gegen Lärm und Vulgarität und preist Baden-Baden als Königin des Schwarzwaldes mit dem Zauberreiz längst vergangener Zeiten.

Das Kasino erwies sich als Goldgrube, und die Bénazets ließen das Geld arbeiten. Sie bauten eine ausgezeichnete Rennbahn im nahegelegenen Iffezheim, wo heute zwei bedeutende Pferdesport-Höhepunkte im Jahr stattfinden, ein Rennen im Frühjahr in der zweiten Maihälfte und dann die Internationale Rennwoche Ende August, Anfang September. Der Grand Prix von Baden-Baden, heute mit 200000 DM dotiert, gilt als das europäische Rennsportereignis schlechthin.

Französische Architekten bauten am Goetheplatz ein Barocktheater im Stil der Pariser Oper. Hector Berlioz dirigierte dort am 9. August 1862 „Béatrice et Bénédict", eine Komposition, die er eigens für diese Gelegenheit geschrieben hatte.

Edouard Bénazet versuchte stets, es sowohl der Ober- als auch der Unterschicht recht zu machen. Er lud die Comédie Française ein, aber auch die Bouffes Parisiennes, brachte verträumte Poeten mit unbestrittenem Talent und traumhaft schöne Frauen mit umstrittener Vergangenheit ins Land. Er war bemüht, jedermann gerecht zu werden. Es hieß: „*Toutes les rivières vont à la mer et toutes les jolies femmes à Bade.*" (Alle Flüsse fließen zum Meer und alle hübschen Frauen kommen nach Baden-Baden). Wenn Bénazet sich bei einem Freund für eine Gefälligkeit bedanken wollte, schenkte er ihm ein kleines Schlößchen. Vor hundert Jahren war Baden-Baden *das* Weltbad schlechthin.

Skandale gab es in Hülle und Fülle. Ein russischer Fürst wurde von seiner Geliebten ermordet. Prinz Sturdza von Rumänien fiel einer Gruppe als Priester verkleideter Anarchisten zum Opfer. Ein polnischer Adeliger, Name unbekannt, sprengte die Bank, als dreizehnmal hintereinander „Rot" gewann. Dostojewskis Frau klagte, daß ihr Mann all seine Ersparnisse im Kasino verspielt habe und schließlich sogar seinen Überzieher dort lassen mußte. Im Jahr 1866 schrieb er den Roman „Der Spieler".

Baden-Baden schien dem Untergang geweiht, als 1872 alle Spielkasinos in Deutschland ihre Pforten schließen mußten, doch der Ruhm des Kurortes blieb bestehen. Kaiser Wilhelm I. (dessen Büste heute vor der Trinkhalle steht) kam immer noch jeden Sommer und stieg im Hotel Messmer ab, das seinen Namen für die Dauer des kaiserlichen Aufenthalts in „Maison Messmer" abänderte. Das höfische Protokoll erlaubte es dem Kaiser nicht, in einem „Hotel" zu wohnen. Seine Majestät und Kaiserin Augusta reisten mit zwölf Kutschern, zwölf Rappen und einem kleinen Hofstaat an. Nichts durfte verändert werden. Wenn die Äste eines alten Baumes in das Zimmer des Kaisers wuchsen, durften sie nicht abgeschnitten werden. Er kam regelmäßig, 40 Jahre lang, aber das Hotel veraltete langsam und verschwand schließlich ganz. Eine Tochter der Messmerfamilie, Augusta (ein Patenkind von Kaiserin Augusta), heiratete einen erfolgreichen Hotelier, Camille Brenner. Eine andere Tochter wurde Hofdame der Kaiserin am Hof in Berlin. So etwas gab's eben nur in Baden-Baden.

Napoleon III. stieg in der Villa Stephanie ab (damals „Stephanie les Bains Hotel"), die später von dem geschäftstüchtigen Hofschneider Anton Brenner aufgekauft wurde, der ihr ihren späteren Namen gab. Das „Stephanie" war die Nobelabsteige schlechthin. Königin Viktoria und Prinzessin Beatrice nahmen dort Quartier ebenso wie die Prinzen von Wales (der spätere Edward VII. und Georg V.), die Könige von Norwegen und Schweden, Anastasia von Mecklenburg, Dom

Die um 1840 erbaute
Trinkhalle. Die Arkaden
werden von sechzehn
korinthischen Säulen getragen.
Die Büste davor zeigt Kaiser
Wilhelm I.

Pedro II. und der Kaiser von Brasilien. Und selbstverständlich auch Fürst Otto von
Bismarck, König Alfonso VIII. von Spanien und der Kaiser von Siam. Nur damit
Sie eine ungefähre Vorstellung haben.

Zurück zu den Skandalen. Der Herzog von Hamilton führte einmal nach einer
verlorenen Wette ein Kalb durch die Lichtentaler Allee, Graf Alexander Potocki
erschien immer in Begleitung einer alten Dame, die einen Schirm über ihn hielt. Die
Reichen und die Neureichen aus Rußland, Frankreich und England fuhren nach
Baden-Baden, um den Adel zu treffen. Die armen Reichen stiegen in den teuren Hotels ab, die reichen Reichen bauten sich eigene Häuser. Eine Villa in Baden-Baden
mußte man in diesen Kreisen einfach haben.

Die größten Häuser ließen sich die russischen Aristokraten bauen, die Gortschakows, Trubezkojs, Menschikows und Kreptowitschs. Sie hatten sogar eine eigene russisch-orthodoxe Kirche im byzantinischen Stil, die heute im Besitz der russisch-orthodoxen Diözese Deutschlands ist. Das Sandsteingebäude krönt ein blauer Zwiebelturm, der früher vergoldet war. Der Kaffeekönig Siehlken baute die Villa Mariahalden, und für die Krupps mußten es zwei Schlösser sein. Turgenjew ließ sich eine Renaissancevilla neben den Besitz der Dostojewskis hinstellen. Johannes Brahms bewohnte in den Sommern von 1865 bis 1874 in der Maximiliansstraße 5 zwei Mansardenzimmer. Hier schrieb er seine Zweite (die Lichtentaler) Symphonie. Er pflegte frühmorgens zu komponieren und nachmittags die Seiten zu zerreißen, die ihm mißfielen. Oft führten seine Spaziergänge zum Neuen Schloß, von wo aus er den herrlichen Blick in die Rheinebene genoß. An einem klaren Tag kann man von diesem Punkt aus das Straßburger Münster sehen.

Camille Brenner, der bereits erwähnte Sohn des geschäftstüchtigen Hofschneiders, wurde der César Ritz von Baden-Baden. Um die Jahrhundertwende war sein „Stephanie" *das* Hotel in Deutschland, ein Domizil luxuriöser Extravaganz mit fünfzig individuell möblierten Suiten. Fast jedes Zimmer war mit einem Bad ausgestattet. Viele Leute prophezeiten den Bankrott der Brenners. Schließlich habe nicht einmal Kaiser Wilhelm in seinem Berliner Schloß ein eigenes Bad. Wenn es den Kaiser am Samstagabend nach einem heißen Bad gelüstete, ließ er sich eigens eine

Brenner's Park-Hotel, eines der letzten wirklichen Grandhotels in Europa, wurde von Camille Brenner Anfang des 20. Jahrhunderts erbaut.

Badewanne kommen. Kaum zu glauben, diese Geschichte — vielleicht ist sie auch erfunden.

Camille Brenner war weit davon entfernt, Bankrott zu machen. Statt dessen wurde er Millionär und baute ein weiteres Hotel, das Park-Hotel. Es wurde im Jahre 1914, wenige Monate vor Ausbruch des Ersten Weltkriegs, eröffnet. Viele Hotels hatten damals Schwierigkeiten, aber Brenner's Park-Hotel florierte und ist heute praktisch ein Synonym für Baden-Baden. Besonders Amerikaner sagen gerne „Brenner's", wenn sie Baden-Baden meinen. Es ist eines der letzten wirklichen Grandhotels Europas geblieben. Neuerungen werden auf diskreteste Weise eingeführt, ohne daß der Gast etwas davon bemerkt. Auf dem Kärtchen in Ihrem Zimmer finden Sie den Vornamen Ihres Zimmermädchens und den des Hausdieners. Man spürt liebevolle Aufmerksamkeit bis ins kleinste Detail, bei den Blumen, beim Silber, beim Frühstück, bei den Speisen. Vor ein paar Jahren noch hatte das Park-Hotel mehr Angestellte als Betten. Einer von ihnen ist Walter Putz, dem der perfekte Service im Speisesaal ein persönliches Anliegen zu sein scheint. In seiner Freizeit sammelt er alte Kochbücher. Seine Sammlung umfaßt inzwischen mehr als tausend Bände; sie beginnt bei Platina: *De honesta voluptate*, 1745 in Piadeno in Italien veröffentlicht, und weist Kochbuchraritäten aus 5 Jahrhunderten auf.

Bis zu Beginn des Zweiten Weltkriegs schloß Brenner's Park-Hotel im Winter seine Pforten, und das Personal verbrachte seinerseits die Wintersaison in den Luxushotels Ägyptens und der Riviera. Jetzt steht das Parkhotel ganzjährig zu Diensten und damit auch das schlichtweg perfekte Personal. Die Angestellten respektieren selbst die ausgefallensten Wünsche der Gäste. Individueller Service ist eine absolute Selbstverständlichkeit. Wünsche und Abneigungen des Gastes werden in den Hotelunterlagen festgehalten. Wenn Sie wieder einmal Gast im „Brenner's" sind, wird man versuchen, das gleiche oder ein ähnliches Zimmer für Sie bereitzustellen. Natürlich werden Sie das besonders harte Kissen vorfinden, das Sie bei Ihrem letzten Besuch verlangten, und Ihr Schreibtisch wird genau an der Stelle stehen, an die Sie ihn bei Ihrem letzten Aufenthalt stellen ließen. Die Gäste sind international, von viktorianischen Damen mit viktorianischen Hunden bis hin zum deutschen Großindustriellen. Lange Zeit haben die Amerikaner die internationale Gästeliste angeführt, aber diese Zeiten sind vorbei. Um während der Saison und besonders während der „großen Woche" gegen Ende August ein Zimmer im Park-Hotel zu bekommen, müssen Sie schon sehr gut angeschrieben sein. Ein neuer Name hat zwischen April und Oktober wenig Chancen. Nach einem vierwöchigen Aufenthalt werden auch Stammgäste höflich, aber bestimmt zum Abreisen aufgefordert. „Tut mir leid, das steht in der Hausordnung". Die Angestellten am Empfang sind wahre Meister, wenn es darum geht, sich höflich zu entschuldigen oder diplomatisch abzusagen.

Natürlich gibt es auch noch andere gute Hotels, und einige von ihnen werden seit Generationen patriarchalisch geführt. Eines der ältesten, das Bad-Hotel zum Hirsch, ist seit fünf Jahrhunderten im Familienbesitz. Einmal logierte ich im Hotel Bellevue, das der Familie Saur gehört. Ihre Vorfahren, Henker und Chirurgen, kauften schließlich ein bescheidenes 40-Betten-Hotel, das sie nach und nach zu einem wunderschön ausgestatteten Herrschaftshaus mit 145 Zimmern und 20000

Quadratmetern traumhaftem Grund ausbauten. Die Vorfahren waren eifrige Sammler, und so wimmelt es nur so von Zeichnungen mit Reiterszenen, von Gemälden und antikem Mobiliar. Dies schafft eine sehr private Atmosphäre, und man glaubt sich eher in einem eleganten Wohnhaus als in einem Luxushotel. Vor langer Zeit gab es dort einen hydraulischen Aufzug, der von einem Boy bedient wurde. Er bekam dafür Unterkunft, Verpflegung und Trinkgeld. Jetzt hat man natürlich automatische Aufzüge, und wie lange wird es wohl noch einen *Liftier* geben, der die Fahrgäste bittet, beim Aussteigen vorsichtig zu sein? Und doch sind die Hotelbesitzer in Baden-Baden vergleichsweise noch besser dran als anderswo. Der Ort hat bisher nichts von seiner Anziehungskraft eingebüßt, er hat so vielen Besuchern so viel zu bieten. Wer es modern mag, wohnt im Europäischen Hof, der zur Steigenbergerkette, den deutschen Hiltons, gehört. Hotels sind überall zu finden, mitten auf dem Golfplatz, in den umliegenden Wäldern, in der Altstadt und außerhalb der Stadt. In Baden-Baden ist die Wahl eines Hotels Sache des Portemonnaies und der Weltanschauung.

Dem nostalgischen Träumer vermittelt der Kurort das Gefühl, in die Vergangenheit zurückversetzt zu sein, ein Gefühl, das geschickt und erfolgreich gepflegt wird. Dieses Wohlgefühl verstärkt sich noch durch den Anblick der Hügel, das vertraute Gesicht der alten Concierge und das Kurorchester, das bei entsprechender Witterung von Ostern bis Ende September dreimal täglich im Kurhaus oder in den Parks spielt. Noch immer kann man die abscheuliche Bearbeitung von Schuberts „Un-

Zwei Litographien aus der Mitte des 19. Jahrhunderts nach Zeichnungen von Jacottet:

unten: Kurgäste im Gespräch vor dem Kurhaus.

rechts: Eine alte Schloßruine in den Bergen des Schwarzwaldes beliebtes Ausflugsziel der Baden-Badener Kurgäste.

vollendeter" hören, die den Musikern schon vor einem halben Jahrhundert nicht auszureden war. Darüber hinaus bietet Baden-Baden heute auch Symphoniekonzerte mit berühmten Dirigenten, Orgelkonzerte in der Stiftskirche und Abendserenaden im Schloß. Theateraufführungen werden veranstaltet, man besucht private Galerien und natürlich auch die Staatliche Kunstgalerie. Manche Leute kommen, um zu fischen oder zu jagen, Tennis zu spielen, zu reiten oder im Schwarzwälder Schwimmstadion zu schwimmen, Flugstunden für Flugzeug oder Hubschrauber zu nehmen, am Battert beim Alten Schloß zu klettern, als Gastschütze im Schützenverein „Eichenwald" zu schießen oder jeden Freitag an den Tanzwettbewerben im Kurhaus teilzunehmen.

Vor allem aber kann man wunderschöne Wanderungen in den Schwarzwald unternehmen, in ein Waldparadies mit verträumten Bergseen, üppig-dunkelgrünen Moosteppichen und tannenduftenden Pfaden. Einer heißt „Philosophenpfad", wie der in Heidelberg, und erinnert den Wanderer daran, daß er sich im Land der Dichter und Denker befindet. Das gleichmäßige Rauschen der Wasserfälle wirkt wunderbar beruhigend. In zwanzig Minuten ist man mit dem Auto auf der Bühlerhöhe, wo Konrad Adenauer den Sommer zu verbringen pflegte: ein düsteres Gebäude mit einem dunklen Hof, der an die Gefängnisszenerie in Beethovens Fidelio erinnert. Kaiser Wilhelm II. bekam die Bühlerhöhe von einer Verehrerin geschenkt. Er bedankte sich und stellte sie seinen Offizieren zur Verfügung, die über das Geschenk wenig Freude zeigen konnten.

Die traumhaft schöne Schwarzwald-Hochstraße führt an den bewaldeten Berggipfeln entlang zum Erholungsort Freudenstadt. Am Weg liegen einladende Gasthöfe, aus deren Küchen der verführerische Duft von in Butter geschmorten Pilzen dringt. Und an der Badischen Weinstraße, die im Jahre 1954 angelegt wurde, und die ihren Anfang in Baden-Baden nimmt, liegen kleine Winzerorte. Am Ortenauer Weinpfad entdeckt der Wanderer auf gemächliche Weise die Weingegend zwischen Baden-Baden und Offenburg. In der näheren Umgebung wird Qualitätswein von besonderer Güte gekeltert. In Neuweier, Varnhalt und Steinbach-Umweg wird der Wein in Bocksbeutel abgefüllt, jene dickbauchigen, flachen Flaschen, die ansonsten den fränkischen Weinen vorbehalten sind. Die Schloßkeltereien von Neuweier genießen diesen Vorzug seit 150 Jahren.

Es ist ein freundlicher, reicher Landstrich, dessen bedächtig-langsam sprechende Bevölkerung hart arbeitet, sich aber zu ihren üppigen Mahlzeiten viel Zeit nimmt. Quantität geht dabei über Qualität. Fünf Mahlzeiten am Tag verzehrt man hier gut und gerne, und zwischendurch auch noch Kleinigkeiten. Dazu wird schwerer Weißwein getrunken. „Eine Gans ist ein dummes Tier", pflegt man hier zu sagen, „für einen zu groß, für zwei zu klein".

Letzten Endes aber gibt es zwei Gründe, nach Baden-Baden zu kommen: das Glücksspiel und die Kur. Die Deutschen sind ernsthafte Spieler, die sich dem Spiel ganz hingeben. An jenem Abend, als ich das Kasino besuchte, notierten viele den Spielverlauf, tüftelten mathematische Kombinationen aus und − verloren. Und dann gab es noch die unvermeidlichen Touristen mit gierig glänzenden Augen, die auf leichte Weise schnell zu Geld kommen wollten und die Hoffnung nicht aufgaben, doch noch die Bank zu sprengen. Im Salon Pompadour spielten die Gäste mit Chips aus purem Gold, die mit dem besonderen Segen des bundesdeutschen Finanzministeriums in Bonn extra für das Kasino geprägt wurden. Das Ministerium ist der große Gewinner bei diesem Spiel, schließlich kassiert der Staat achtzig Prozent der Einnahmen.

Ich erinnere mich an einen mürrisch dreinblickenden Mann mit buschigen Augenbrauen, der eine Unmenge Geld verlor und sehr verkrampft wirkte. Er litt ganz offensichtlich unter Streß, und ich fragte mich, warum man ihn hier spielen ließ; vielleicht aber war er einer jener Patienten mit dem Anti-Streß Programm II ohne ärztliche Überwachung, der sich seine Therapie selbst verordnet hatte. Ich täuschte mich. Am nächsten Morgen traf ich ihn im Friedrichsbad wieder. Er erzählte mir, er sei von seinem Kurarzt zum Kasino geschickt worden, um zu entspannen und neue Lebensfreude zu gewinnen.

Ein älterer Bademeister empfing mich mit der ehrwürdigen Miene eines deutschen Universitätsprofessors und half mir beim Auskleiden. Ich wurde gewogen und mußte danach drei Gänge Hydrotherapie über mich ergehen lassen: Ich mußte mich duschen, wurde danach in einen Trockenheißluftraum (40° C) geführt, massiert und abfrottiert und schließlich nach einem Dampfbad noch einmal unter die kalte Dusche gesteckt. Diese Prozedur hat mir meine Lebensfreude genommen. Über eine Stunde lang sprang ich aus dem heißen Wasser kommend in kalte Thermalbäder und dann wieder zurück ins heiße Wasser, ich duschte, trank Heilwasser, stieg in sprudelnde Bäder und genoß danach wieder abwechselnd heißes und kaltes Wasser. Der Anblick von nackten Männern mittleren Alters, die zwischen heißem und kaltem Wasser hin- und herspringen, um noch einmal etwas Jugend in den Knochen zu spüren, stimmt traurig und nachdenklich.

Der mürrisch dreinblickende Mann, der die Nacht zuvor gespielt und verloren hatte, erzählte mir, er käme dreimal die Woche hierher.

„Der einzige Ort in dieser verdammten Stadt, wo ich mich richtig entspannen kann", sagte er. „Gestern kam am Tisch Nummer 1 zweihundertneunmal Schwarz. Rot kam hundertsechsundsechzigmal. Sie werden es nicht glauben, aber ich hatte natürlich auf Rot gesetzt".

Ich nickte mitfühlend. Er seufzte tief auf und sprang in das kalte Wasser. Ich sprang in das heiße.

Nach dieser Tortur entließ mich mein Bade-Professor wieder in die trockene Welt, packte mich in warme Decken, zitierte mich auf eine Sprungfedermatratze und verordnete mir „Entspannung". Als ich eine Stunde später aufwachte, mußte ich wieder auf die Waage. Ich wog 2 Pfund weniger. Bevor ich ging, lud mich der Professor ein, wiederzukommen, um weitere Attraktionen kennenzulernen: Sauerstoffbäder, Thermalschaumbäder, Schlammpackungen, Luftsprudelvollbäder, Dampfinhalation, Höhensonnenbestrahlung, thermische Luftsprudelwarmbäder und medizinische Dampfbehandlung (was immer das sein mag).

Vielleicht komme ich eines Tages nach Baden-Baden zurück, nicht etwa, um meine Lebensfreude wiederzugewinnen oder um zu spielen, sondern einfach, weil es dort so schön ist.

Bad Homburg

Teilansicht von Bad Homburg
mit den Taunusbergen im
Hintergrund.

In Deutschland denkt man bei dem Namen „Homburg" an den bekannten Kurort − in England an einen eleganten, steifen Herrenhut. Aber natürlich erblickte auch der Homburg in Homburg das Licht der vornehmen Welt. Der Prinz von Wales, der spätere Edward VII., dessen geschichtliche Bedeutung sich vor allem darin manifestierte, daß er richtungsweisend für modische Tendenzen wurde, fand Gefallen an der Kopfbedeckung der örtlichen Miliz und ließ sich dadurch zu einem Hut inspirieren, der später den Namen „Homburg" bekam. Nach wie vor erfreut sich dieser Homburg bei Diplomaten und anderen Leuten, die sich ein ehrwürdiges Aussehen geben möchten, größter Beliebtheit. In Bad Homburg geschah es auch, daß der Prinz einmal vergaß, den untersten Knopf seiner Weste zuzuknöpfen, und seitdem finden das nicht nur die Diplomaten, sondern alle Westenträger schick. Männliche Modetorheiten mögen zwar vorübergehend in Vergessenheit geraten, vom Aussterben sind sie jedoch nie bedroht.

Das Städtchen Bad Homburg aber − der vollständige Name lautet Bad Homburg vor der Höhe − ist viel älter als der Hut. Die Mineralquellen kannte man schon seit Jahrhunderten, und die Lage am Fuße des Taunus, „vor der Höhe", machte den Ort zu einem beliebten Ausflugsziel für die Bewohner des knapp fünfzehn Kilometer entfernten Frankfurt. Immerhin kann nicht jede Stadt auf einen solchen Vorort verweisen. Wen verwundert es also, daß der berühmtesten Frankfurter Familie, den Rothschilds, schon bald ein Großteil des kleinen Fürstentums Homburg gehörte (ich weiß sehr wohl, daß der berühmteste Frankfurter Bürger immer noch Johann Wolfgang von Goethe ist, der dort 1749 geboren wurde).

Homburgs Glanzzeit begann 1840, als der Industrielle François Blanc dort auftauchte, der gleiche Mann also, der später das berühmteste Kasino der Welt in Monte Carlo baute; das war jedoch nach 1866, als Preußen Homburg annektiert und das Kasino geschlossen hatte. Die traditionsbewußten Homburger stehen natürlich Monte Carlo ziemlich herablassend gegenüber. Blanc tat für Homburg, was die Bénazets etwa zur gleichen Zeit für Baden-Baden taten. Den Namen Baden-Baden sollte man übrigens in Bad Homburg tunlichst vermeiden; umgekehrt gilt das gleiche.

Blanc ließ den herrschenden Fürsten einige Verträge unterzeichnen und machte sich ans Werk. Er baute den alten Kurpark und die Mineralquellen aus. Kenner Bad Homburgs, und davon gibt es viele in Deutschland, behaupten, sein Kurpark sei der schönste im ganzen Lande. Allmählich wird einem auch klar, warum es nicht ratsam ist, Vergleiche mit Baden-Baden anzustellen, das auf seine Lichtentaler Allee so stolz ist. Zweifellos ist der Kurpark in Bad Homburg ein prachtvolles Zeugnis der Lebenskunst des 19. Jahrhunderts, mit seinen weitläufigen Rasenflächen, Bächen, Teichen mit Wasserlilien und Laubengängen. Ein treuer Homburger Kurgast, König Tschulalongkorn, ließ hier einen Siam-Tempel in Gold und Scharlachrot bauen, der 1960 von dem jetzigen thailändischen König, ebenfalls einem Freund Bad Homburgs, renoviert wurde. Zar Nikolaus II. weihte 1899 eine russische Kapelle mit einem Zwiebelturm ein. Einige russische Monarchisten − es gibt sie noch immer, auch wenn sie inzwischen steinalt sind − versammeln sich dort auch heute noch zum Gebet. Das kleine Kasino steht immer noch dort, wo François Blanc es erbauen ließ, als er nach Homburg kam. Tennis- und Golfplätze und nicht zuletzt

Das elegante Kurhaus und die Parkanlagen, wo Kaiser, Könige und Staatsmänner aus aller Welt sich aufhielten.

die berühmte Tennis-Bar locken wie eh und je Besucher an. Entlang des Kurparks stehen heute die eleganten Häuser der reichen Leute. Man wohnt in Homburg, das Geld macht man im nahegelegenen Frankfurt, der großen Bank- und Handelsstadt. Frankfurt ist keine sonderlich schöne Stadt, und so schätzt man es natürlich sehr, wenn man sich am späten Nachmittag oder übers Wochenende in das ruhige, elegante Bad Homburg zurückziehen kann.

François Blanc konnte diese Entwicklung vielleicht nicht in ihrem ganzen Ausmaß voraussehen, aber ansonsten zeugen seine Werke von geradezu prophetischem Weitblick. Sein Kurhaus ist ein Wunderwerk an zeitgenössischer Eleganz. Er erkannte, daß es für einen Kurort nicht ausreicht, nur warme Quellen und Kurärzte zu haben. Er wußte um die fast mystische Beziehung zwischen Sünde und Glücksspiel. Er verpflichtete Künstler nach Bad Homburg, von denen bald ganz Europa sprach. Adelina Patti bekam 5000 Gulden für einen Auftritt im Kasino des Kurhauses, und Blanc hatte nichts dagegen, denn die Patti wagte zu später Stunde noch ein Spielchen und verlor ihre ganze Gage und noch ein bißchen mehr.

Blanc wußte, daß ein Kurort immer nur so renommiert ist wie die Berühmtheiten, die dort absteigen. Diese Theorie hat bis heute nichts an Gültigkeit verloren, wenn man an den Jet Set denkt, der sich in Marbella, St. Tropez und Acapulco trifft.

Blanc mußte sich nicht mit Stars und Starlets abplagen; die gab es – zumindest im heutigen Sinn – damals noch nicht. Für ihn war es wichtig, Kaiser, Könige und Staatsmänner für Bad Homburg zu begeistern. Gladstone kam aus England, Garibaldi aus Italien, und Prinz Lucien Bonaparte, eine Neffe des Kaisers, sprengte im Jahre 1852 gleich die Bank. Daraufhin wollten es ihm viele andere Mitglieder der französischen Gesellschaft gleichtun, in der Regel natürlich vergeblich. Ein damals populäres Lied endete mit den Worten „C'est toujours Blanc qui gagne". Weder rouge noch noir machte den großen Gewinn, sondern Blanc.

Zwischen 1870 und 1914 bekam Bad Homburg ein sehr aristokratisches Gepräge. Kaiser Wilhelm I. stieg im Mai dort ab und dann erneut im August. Da er auch noch an anderen in diesem Buch erwähnten Kurorten weilte, kann man sich nur schwer vorstellen, wann er denn eigentlich Zeit gefunden hat, sein Land zu regieren. Der Kaiser leitete von hier aus seine Manöver, und sein Enkel, Kaiser Wilhelm II., nahm hier eine Zeppelinparade ab. Seine Majestät geruhte auch, den Wiederaufbau der nahegelegenen Saalburg zu beaufsichtigen, eines alten Römerkastells, das heute ein beliebtes Ausflugsziel für Touristen ist. Es wird berichtet, Wilhelm sei durch den Kurpark marschiert – er ging nicht, er marschierte – und habe mit einem Fingerschnippen die Bäume bezeichnet, die er nicht mochte. Die mußten anschließend gefällt werden. Wenn er mit dem Fuß aufstampfte, war das ein unausgesprochener Befehl, an genau dieser Stelle einen Baum zu pflanzen. Es gibt immer noch Leute in Bad Homburg, die Stein und Bein darauf schwören, so und nicht anders sei es gewesen.

Ein weiterer berühmter Besucher war der Prinz von Wales, der im Kurhaus seinen eigenen Massageraum hatte und es mit der Kur sehr ernst nahm. Es fällt schwer zu glauben, daß er jeden Sommer dort 36 Pfund verlor, doch hatte er nach einigen Besuchen im „Maxim" schon bald sein altes Gewicht erreicht. Er reiste mit seinen Gästen an, die angeblich im Café Brahe (dem heutigen Café Schmidt) den Tag mit einem Sektfrühstück begannen und ihn mit einem Abendessen mit Champagner im Kasinorestaurant abschlossen. Der Klatsch blühte um die illustren Gäste aus England. Stimmte es wirklich, daß sie mit jungen hübschen Mädchen in Schubkarren Rennen durch die Wälder veranstalteten?! Sie hatten auf jeden Fall ihren Spaß, und die älteren Damen aus England und Deutschland, die in Homburg kurten, hatten etwas, worüber sie sich entrüsten konnten.

Blanc war zu dieser Zeit längst nicht mehr in Homburg, aber „sein" Kurort blieb berühmt. Die Könige von Siam stiegen (wie bereits erwähnt) dort ab, die Hoheiten Schwedens und Griechenlands, der Herrscher Bulgariens, der russische Zar, Bismarck und Hindenburg, indische Maharadschas und Millionäre. Die Zusammensetzung der Gäste ist in allen großen Badeorten ähnlich – es sind eben immer die Leute, die es sich leisten können. Die Krupps und Opels aus Deutschland, die Goulds und Harrimans aus Amerika. Gräfin Sophie Kisselev ließ sich jeden Nachmittag zum Roulette-Tisch tragen; angeblich soll sie täglich von zwei Uhr nachmittags bis zwei Uhr früh der Spielleidenschaft gefrönt haben. Es ging das Gerücht, daß es ihr nichts ausmachte zu verlieren, da sie Aktien des Kasinos besaß, und was sie am Spieltisch verlor, erhielt sie als Dividende zurück. Solche Geschichten sind gut für das Image eines Kasinos.

Edward VII. pflegte nach Bad Homburg zur Kur zu fahren und angeblich bei jedem Besuch 36 Pfund abzunehmen. Hier stand er dem Photographen mit einem Homburg Modell. Um ihn scharen sich Mitglieder des englischen Hofes anläßlich eines Picknicks in der Umgebung von Bad Homburg.

Man erinnert sich nicht ohne Schadenfreude an einen polnischen Adeligen, Baron von Kosten-Gantzow, der in einer eleganten vierspännigen Kutsche vorfuhr und diese dann im Nu samt seinen Ländereien und sogar seinen Seidenjacketts verspielte. Fürst Proworoff, der Staatssekretär des Zaren, erlangte Berühmtheit, indem er sich jeden Morgen mit zwei Dutzend Rosen an der Promenade einfand und sie dort an die lustwandelnden schönen Damen verteilte. Leider ist nicht bekannt, ob diese Damen eigens dorthin gingen, um den Rosenonkel, wie sie ihn nannten, zu treffen.

Es ist unmöglich, daß alle diese Geschichten frei erfunden sind – sie müssen sich ereignet haben und werden nun immer wieder weitererzählt. Sie sind der Stoff, aus dem die Traum-Badeorte der Vorkriegszeit gemacht sind. Es war eine vergängliche

Welt. Manche Badeorte verloren ihre Berühmtheit, andere überlebten. Bad Homburg gehört zu den letzteren, aber es mußte sich den veränderten Gegebenheiten anpassen.

Am Ende des Ersten Weltkriegs waren die Reichen plötzlich nicht mehr reich. Nun schickten die Krankenkassen Patienten, die es wirklich nötig hatten, zur Kur nach Bad Homburg. Plötzlich kamen Leute dorthin, die es sich früher nie hätten leisten können. Viele alte Homburger rümpften darüber die Nase, und die älteren Herren der Kurdirektion hielten es schlicht für abscheulich. Aber so schlimm war es gar nicht. Die Krankenkassenpatienten halfen dem Kurort zu überleben, während viele andere Badeorte von der Bildfläche verschwanden. Die alten Damen, jetzt allerdings nicht mehr so reich wie früher, kamen weiterhin und beklagten sich über diese „neuen" Leute, die plötzlich die Wandelhalle bevölkerten.

Das vornehmste Hotel am Platz ist das Ritter-Parkhotel. Heute gehört es zu der Steigenberger Hotelkette. Woran man sich dieser Tage nur mehr sehr ungern erinnert, ist die Lebensborn-Einrichtung der SS, die während des Dritten Reichs dort untergebracht war. Schöne Frauen von garantiert arischer Abstammung durften mit elitären, blonden und blauäugigen SS-Männern zum Zwecke der Zeugung hundertprozentiger Arier schlafen. Der Plan schlug wie so manches andere in dieser Zeit fehl, und die Arier-Anstalten verschwanden im Jahre 1945, als kernige Amerikaner einmarschierten.

Aber Bad Homburg hatte Glück. General Eisenhower, damals Oberbefehlshaber der alliierten Streitkräfte in Deutschland, nahm für einige Monate im „Haus im Wald" am Rande des Kurparks Quartier. Er äußerte einmal, es sei so schön dort und er habe so gut geschlafen. Eigentlich nichts Neues – das hatten andere vor ihm auch schon so empfunden. Aber General Eisenhower war damals richtungsweisend, und nachdem John McCloy, der amerikanische Hochkommissar, einige Zeit in Bad Homburg verbracht hatte, wurde aus dem Schneeball eine Lawine. Plötzlich erinnerte sich alle Welt daran, daß Bad Homburg immer schon wunderschön gewesen war und daß man unbedingt einmal dorthin fahren müsse. Und alle, alle kamen! Spricht man privat mit einem Kurarzt, so gibt er vielleicht zu, daß eine Kur für einen wirklich Kranken zu anstrengend ist und einem Gesunden nichts hilft, aber sich vielleicht als ganz nützlich für die vielen Leute erweist, die weder das eine noch das andere sind.

Alles ist in Bad Homburg auf das beste organisiert, von der Kurkarte, die dem Kurgast genaue Auskunft darüber gibt, aus welchen Quellen er trinken soll und wieviel und wie („Man trinke in kleinen Schlückchen … und gehe dabei langsam auf und ab"), bis zu den genauen Instruktionen des Arztes an seinen Patienten. Amerikanische Ärzte halten diese Instruktionen meist für Humbug. Deutschen Patienten dagegen sind sie heilig. Und da die Grundvoraussetzung für das Gelingen einer Kur ist, daß man daran glaubt, werden die Patienten, die an ihren Arzt glauben, vielleicht in Bad Homburg auch gesund.

In der heutigen Zeit besuchen drei verschiedene Gruppen von Gästen den einst berühmten, wieder sehr in Mode gekommenen Badeort. Es gibt sie immer noch, die privaten Kurgäste, würdevolle Vertreter der Mittelschicht, die nach Bad Homburg kommen, weil es dort „wunderschön" ist. Dann sind da die Krankenkassenpatienten, die zur Kur geschickt werden und die Gelegenheit gerne wahrnehmen, weil es sie nichts kostet. Und schließlich gibt es noch die reichen Leute aus Frankfurt, die wie eh und je in ihren vornehmen neuen Villen wohnen.

Diese drei Gruppen treffen sich untereinander nicht. Sie wissen wahrscheinlich nicht einmal etwas von ihrer gegenseitigen Existenz. Es gilt in Deutschland immer noch als eine ernste Angelegenheit, einen Kurort wie Bad Homburg aufzusuchen, als hänge das eigene Leben davon ab. Aber Bad Homburg ist kein reiner Kurort mehr. Es ist auch eine Stadt mit 56000 Einwohnern, mit Cafeterias, modernen Kaufhäusern, Hochhäusern und schrecklichem Verkehrsgewühl. Das liebliche alte Schloß wird immer noch unzählige Male photographiert, aber wenn man das alte Bad Homburg erleben will, muß man in den Kurpark gehen, wo die Zeit (fast) stehengeblieben ist. Und schließt man dann die Augen und denkt an nichts anderes, dann mag man sich vielleicht in den längst vergangenen Zeiten wiederfinden, in denen Homburg der Name eines Kurortes und nicht der eines Hutes war.

Das Landgrafenschloß und die Gartenanlagen. Der weiße Turm der alten Ritterburg stammt aus dem 13. Jahrhundert.

Der Hauptplatz von Aix-les-Bains.

Aix-les-Bains in Savoyen, nicht zu verwechseln mit Aix-en-Provence, ist ein weiteres faszinierendes Beispiel eines einst großartigen Badeorts, der ein spektakuläres Comeback geschafft hat. Seine Blütezeit erlebte es in der Belle Epoque, als der liebliche Badeort, auf dem halben Weg zwischen Genf und Lyon gelegen, gekrönte Häupter ebenso anzog wie deren ehrgeizige Untertanen. In den Jahren 1885 bis 1890 kam Königin Viktoria dreimal und ließ sich sogar direkt neben der Villa des Fleurs, damals noch Spielkasino, eine elegante Villa bauen − nicht gerade eine viktorianische Lage. Daß die Königin sich nicht dem Spiel ergeben wollte, steht außer Zweifel. Vielleicht wollte sie nur sehen, wer dort aus- und einging.

Um das Jahr 1890 war Aix-lex-Bains wahrscheinlich der eleganteste Badeort auf der ganzen Welt. Dom Pedro II., der Kaiser von Brasilien, schätzte ihn ebenso wie die Kaiserin von Österreich, die man überall dort finden konnte, wo etwas geboten wurde, und wie Maria Pia, die Königinmutter von Portugal, Königin Emma und später Königin Wilhelmine der Niederlande, Leopold II., der König von Belgien, und der griechische König Georg I. Natürlich brachte jeder Monarch seinen Hofstaat mit, der seinerseits Würdenträger, Minister und Gesandte im Gefolge hatte. In jenen Jahren war Aix aus dem Leben der Hautevolee nicht wegzudenken. Mit „Aix" meinte man natürlich nur Aix-les-Bains; niemand hatte je von dem anderen Aix irgendwo unten in der Provence gehört, das heute eine eigene Universität und sogar eigene Festspiele hat.

Aix-les-Bains hatte zwar heiße Quellen, und die Ärzte schworen auf deren Heilkraft gegen Arthritis und tausend anderen Leiden, aber für viele Besucher war die Kur nur ein Vorwand. Nicht so für Paul Verlaine, den großen französischen Dichter, der im Jahre 1899 nach Aix kam, um seine Arthritis auszukurieren. Verlaine war ziemlich mittellos und erwähnte später die außerordentliche Großzügigkeit der Doktoren Guilland, Cazalis und Monard, die ihm wahrscheinlich keine Rechnung geschickt hatten. Auch der Polizeichef sei reizend gewesen, schrieb der Dichter, und habe sofort erkannt, daß er kein Straßenräuber sei, obwohl er ganz gewiß so ausgesehen habe. Verlaine beschrieb auch die Kuranwendungen, denen er sich unterzog: Er mußte sich ausziehen, in ein Becken steigen, und zwei Badewärter richteten einen Wasserstrahl gegen ihn. Der Druck war so stark, daß er sich gegen die Beckenwand lehnen mußte, um nicht umzufallen. Danach folgte eine Ruhezeit, in der er zu schlafen versuchte. Das sei im Grunde alles, was er hier zu tun habe, berichtete Verlaine.

Aix-les-Bains ist sehr alt. Wahrscheinlich wurde es im ersten Jahrhundert nach Christus gegründet und war damals unter dem Namen Aquae Allobrogum bekannt. Der Ort ist sehr stolz auf zwei Ruinen aus der Römerzeit. Der Campanus-Bogen ist sicherlich echt und wurde von dem reichen Römer Pompejus Campanus errichtet, der sich seine Unterblichkeit zumindest auf lokaler Ebene sichern wollte, was ihm denn auch gelang. Was die Entstehungszeit des sogenannten Diana-Tempels betrifft, so sind sich die Sachverständigen da weniger einig; einige vermuten, daß er erst später erbaut wurde. Die geschichtlichen Anfänge des Ortes liegen in reizvollem Dunkel. Julius Cäsar verweilte hier auf seinen Feldzügen gegen die Gallier. Und weil es ihm so gut gefiel, kamen auch andere reiche, mächtige Römer,

Ein Patient in einer Sänfte vor den Badeanlagen, um 1940. Die Kurgäste wurden von ihren Hotels so zu ihren Bädern getragen.

um die heißen Quellen zu genießen. Daß bereits die alten Römer fest an die Heilkraft heißer Quellen glaubten, wissen wir ja inzwischen.

Dann wurde es eine Weile still um Aix. Der Dichter und Historiker Baccius behauptet, Karl der Große habe die Anweisung gegeben, die Quellen den Besuchern wieder zugänglich zu machen – eine Feststellung, die heute von vielen Historikern angezweifelt wird. Ein erfahrener Experte jedoch, der Comte de Loche, bescheinigt Baccius, der Sekretär und Leibarzt von Papst Sixtus V. war, größte Gewissenhaftigkeit. Warum hätte er also gerade in diesem Zusammenhang eine Behauptung aufstellen sollen, die nicht der Wahrheit entsprach? Karl der Große liebte heiße Quellen und ließ in ganz Europa die Bäderanlagen restaurieren – und daß er in Savoyen war, ist schon durch das Rolandslied belegt.

Das Schicksal des Badeorts im Mittelalter bleibt wohl im Dunkeln. Wir wissen lediglich, daß Rudolph III. von Burgund den Ort am 24. April 1011 seiner zweiten Frau Ermengarde schenkte. Das entsprechende Dokument existiert noch heute, und in Aix legt man Wert auf die Feststellung, daß der Zeitpunkt „fast" mit der Gründung Roms zusammenfällt. Der Ort gehörte damals zum Herzogtum Burgund. Im zwölften und dreizehnten Jahrhundert werden bei einer Aufzählung der örtlichen Feudalherren Namen wie Gauthier d'Aix, Rodolphe d'Aix und Humbert de Seyssel genannt. Heinrich IV. besuchte Aix mit der schönen Henriette d'Entragues und äußerte sich lobend über die Thermalquellen, die ihm „viel Vergnügen und Zufriedenheit" bereiteten. Ganz offensichtlich hatte sich Aix endgültig einen Namen gemacht, und viele Berühmtheiten kamen hierher zur Kur, unter ihnen der Herzog von Lesdiguières und die Herzogin Hortense Mancini. Im Jahre 1776 ließ König Victor Amadeus III. das erste Badehaus bauen; gegen Ende des Jahrhunderts zählte man bereits vierzig Häuser „*pour recevoir les étrangers*". Auch ein gewisser Cabias wird zitiert, der „die Wunderwirkung der Quellen von Aix-en-Savoie" so eindrucksvoll pries. Doktor Jean Pauchoud, der Leibarzt des Königs, schickte seine Patienten nach Aix, wo sie täglich sechs Tassen von dem heilsamen Wasser trinken sollten. Im Jahr 1791 zählte man 760 Besucher, von denen allerdings nicht alle wegen einer Kur angereist waren, sondern weil sie einige Zeit Paris den Rücken kehren wollten, wo das Leben nach dem Massaker auf dem Champ de Mars etwas ungemütlich geworden war. Im folgenden Jahr ging die Zahl der Besucher auf 332 zurück – in Paris waren drei geschichtemachende Männer, Marat, Danton und Robespierre, an die Macht gekommen.

Am 22. September gab der fanzösische General Montesquieu seinen Truppen den Befehl, in Savoyen einzumarschieren. Die Invasion verlief ohne Blutvergießen, der Adel zog sich nach Spanien oder anderswohin zurück, und der in Savoyen lebende Schriftsteller Joseph de Maistre erklärte, die französische Revolution sei ein wichtiger Zeitabschnitt in der Geschichte der Menschheit gewesen, ob man nun dafür sei oder nicht. Im Juli 1793 stimmten die Ratsherren von Aix für die Menschenrechte aller Bürger und nahmen die vom Nationalkonvent entworfene Verfassung an. Durch ihre mutige Einstellung habe sich die Gemeinde Aix-en-Savoie an die Spitze einer unaufhaltsamen Bewegung gesetzt, schreibt Henry Planche. Ob wohl Königin Viktoria und die anderen Majestäten um die revolutionäre Vergangenheit des renommierten Badeortes wußten, als sie ein Jahrhundert später dorthin fuhren?

Aber in der Zwischenzeit hatte sich auch einiges ereignet. Mehrere Mitglieder des Hauses Napoleon entdeckten Aix. Der Kaiser selbst war nie dort zu Gast, aber seine Schwester Pauline, die hübsche Witwe von General Leclerc, kam und nahm in der eleganten Villa Chevalley, die immer noch existiert, Quartier. Pauline heiratete einen Fürsten Borghese, und Napoleon machte ihn zum Gouverneur der Départements „d'au delà des Alpes" mit offiziellem Sitz in Turin. Es war jedoch kein Geheimnis, daß Pauline von 1808 an ganz in Aix blieb und dort ihre Rolle als Gouverneursfrau spielte, während Fürst Borghese einsichtigerweise in Turin blieb. Pauline schützte ein Leiden vor und erklärte, dieses in Aix auskurieren zu wollen. Es war hinlänglich bekannt, daß ihre Medizin Monsieur Forbin hieß und Paulines neuer Geliebter war. Als diese Eskapade in der Familie Bonaparte ruchbar wurde, reisten die Kaiserinmutter Letizia und Paulines Onkel, Kardinal Fesch, nach Aix. Pauline gesundete schnell, gab ihre Genesung bekannt und Monsieur Forbin auf. Im darauffolgenden Jahr wählte sie ein anderes Aix aus, nämlich Aix-la-Chapelle (das heutige Aachen) und probierte auch dort die Heilquellen und einen neuen Liebhaber aus.

In Frankreich waren Aix-en-Savoie und die Villa Chevalley berühmt geworden, und so kam es nicht von ungefähr, daß Joséphine hierher kam, nachdem ihr Gatte, der Kaiser, sie hinausgeworfen hatte. Joséphine war in Begleitung einer gewissen Madame de Remusat. Obwohl beide inkognito anreisten, wußte ganz Aix Bescheid, wer die Damen wirklich waren. Später folgte Joséphines Tochter Horten-

Pauline Bonaparte, die Schwester Kaiser Napoleons I., nach einem Gemälde von Robert Lefèvre. Sie bewohnte in Aix die Villa Chevalley und war dort in eine skandalöse Liebesaffäre verwickelt.

se, die ihren Gatten Louis Bonaparte, den König von Holland, verlassen hatte. Hortense wohnte außerhalb des Ortes in einem kleinen Haus mit ihren beiden Söhnen − einer von ihnen wurde später Napoleon III. −, war jedoch häufig zu Gast bei ihrer Mutter in der Villa Chevalley. Es ließ sich nicht lange verheimlichen, daß sie häufig Besuch von einem gewissen Charles de Flahaut bekam, den ganz Aix nur den *consolateur attentionné,* den „aufmerksamen Tröster" nannte. Die Franzosen sind um einen treffenden Ausdruck nie verlegen. Alle Welt sprach von diesem Skandal, und viele Leute pilgerten nach Aix, um sich über den Fortgang der Dinge an Ort und Stelle zu informieren. Es gab noch mehr Gesprächsstoff, als Joséphine auf dem Rückweg vom Kloster de Hautecombe beinahe ertrunken wäre und − welch glücklicher Zufall − von Flahaut gerettet wurde.

Im folgenden Jahr kehrte Hortense alleine nach Aix zurück und ging auf dieser Reise irgendwo zwischen Genf und Paris verloren. Nach einer angemessenen Anstandspause lüftete Marie-Louise Pailleron 1935 in ihren Memoiren das Geheimnis. Hortense hatte in der Nähe von Cambéry bei dem berühmten Arzt Aimé Rey eine Rast eingelegt und bei dieser Gelegenheit einem gesunden Jungen das

Eine alte Zeichnung der „Cascade de Grésy". Das Dorf Grésy liegt in unmittelbarer Nähe von Aix-les-Bains.

Leben geschenkt, der später der einflußreiche Halbbruder Napoleons III. werden sollte und als Duc de Morny bekannt ist.

Aix-les-Bains hat von allen Badeorten Europas zweifellos die aufregendste „chronique scandaleuse" zu bieten. Eine besonders gute Saison verzeichnete man in dieser Hinsicht im Jahre 1812, als Pauline wieder auftauchte, schön wie eh und je, diesmal als Herzogin von Guastalla. Aber auch andere schöne Frauen kamen zu dieser Zeit nach Aix, wie Caroline, Murats Frau, und Julie Clary, die Gemahlin des spanischen Königs. Diese Jahre lesen sich im Gotha etwas verwirrend. Eine der schillerndsten Erscheinungen war die Herzogin von Abrantes, deren Liebesaffären ganz Aix in Entzücken und Entrüstung versetzten. Pauline lebte in einem eleganten Haus in der Rue des Soupirs, der „Seufzerstraße", benannt nach den unzähligen Seufzern ihrer unzähligen Liebhaber, unter denen auch der berühmte Schauspieler Talma war. Leider änderte die Gemeinde 1855 den Straßennamen zu Ehren der englischen Monarchin in Avenue Victoria um. Es gibt heute noch Leute in Aix, denen der alte Name lieber ist. Die Erinnerung an 1812 bleibt unvergessen. Während Pauline dort lebte und liebte, kehrte Letizia mit ihrem Halbbruder, dem Kar-

Le Grand Cercle, ein Spielkasino, das im Jahre 1849 – Victor Emmanuel II. war als Ehrengast geladen – eröffnet wurde.

dinal Fesch, zurück. Auch Joséphine war auf einmal wieder da und bald darauf Hortense. Und um die Situation noch pikanter zu machen, gesellte sich im Jahre 1815 noch Marie-Louise, die zweite Frau Napoleon Bonapartes, zu dem illustren Grüppchen, während er auf der Insel Elba war. Lokalchronisten berichten, daß sie dort Graf Neipperg traf, der ein guter und intimer Freund von ihr wurde. Die Affäre, die später an allen Höfen Europas Entrüstung hervorrief, begann in Aix. Seither hat es die Familie Bonaparte immer wieder zu dem anmutigen Badeort hingezogen. Im Jahr 1969 besuchte ein junger Prinz Bonaparte das Lyzeum Bertholet in Annecy. In Aix-les-Bains war man darüber hocherfreut.

Niemand kann die große Anziehungskraft, die Aix ausübt, so recht erklären. Ist es das angenehme Klima, der nahegelegene Lac du Bourget, die günstige geographische Lage zwischen Genf und Lyon, oder machen die Berge in der unmittelbaren Umgebung es so anziehend? Der Dichter Alphonse de Lamartine kam zur Kur hierher, wohnte im Hause von Doktor Perrier (das heute nicht mehr existiert) und verfiel dem Zauber des Ortes ebenso wie dem einer gewissen Madame Charles. Er hat über diese Erfahrung in seinem Roman *Raphaël* geschrieben. Julie Charles starb bald darauf, und der Dichter ließ sich schnell von Marie-Antoinette Bancel über den schmerzlichen Verlust hinwegtrösten und nahm später sogar noch die Hilfe von Lena de Larche in Anspruch. Nach Lamartine galt Aix als „romantischer" Badeort. Madame de Staël fand sich ein und bald in den Armen von Benjamin Constant wieder. Balzac schrieb über Aix. George Sand machte einen Abstecher hierher, rauchte Zigarren und reiste weiter. Stendhal und Alexandre Dumas schrieben über das Geschehen in Aix.

Aber die Blütezeit von Aix hatte erst begonnen. Am 15. Juli 1849 wurde der Grand Cercle als Spielkasino eröffnet, Viktor Emmanuel II. und seine Gemahlin waren als Ehrengäste geladen. Im großen Auditorium des Grand Cercle führte ein anspruchsvolles Opernensemble Wagners „Tristan und Isolde" und später Saint-Saëns' „Samson und Delilah" auf. Savoyen war französisch geworden, und Napoleon III. und die Kaiserin Eugénie kamen nach Aix und wurden entsprechend würdig empfangen. Kaiser Napoleon III. erinnerte sich an seine Jugend in Aix und an seine Mutter, Königin Hortense, die dort gelebt hatte. Zehn Jahre später war Napoleon III. erledigt, und die Gemeinde schickte eine Telegramm an Gambletta: „Gestern abend um 10 Uhr wurde hier in Aix die Republik ausgerufen". Bald darauf fand sich Präsident Sadi Carnot in Aix ein und wurde mit allen Ehren empfangen, wahrscheinlich von den gleichen Würdenträgern, die sich zehn Jahre zuvor tief vor dem Kaiser verbeugt hatten.

Dieser Mangel an Charakterstärke konnte Königin Viktoria nicht von einem Besuch in Aix-les-Bains abhalten; es gehörte in der englischen Gesellschaft dazu, in Aix gewesen zu sein. Anscheinend hatte sich Prinzessin Beatrice dort im Jahr 1883 unter der ärztlichen Obhut von Doktor Francis Bertier einer Kur unterzogen. Nach ihrer Rückkehr erzählte sie in London so begeistert von ihrem Aufenthalt, daß ihre Mutter unter dem Namen Gräfin von Balmoral im April 1885 ebenfalls den Zauber dieses Ortes kennenlernen wollte. Es war ein offenes Geheimnis, wer sich hinter dem Inkognito verbarg, und alle, alle kamen, um dem hohen Besuch ihre Reverenz zu erweisen. Prinzessin Beatrice fand sich ein, und in ihrem Gefolge war auch eine

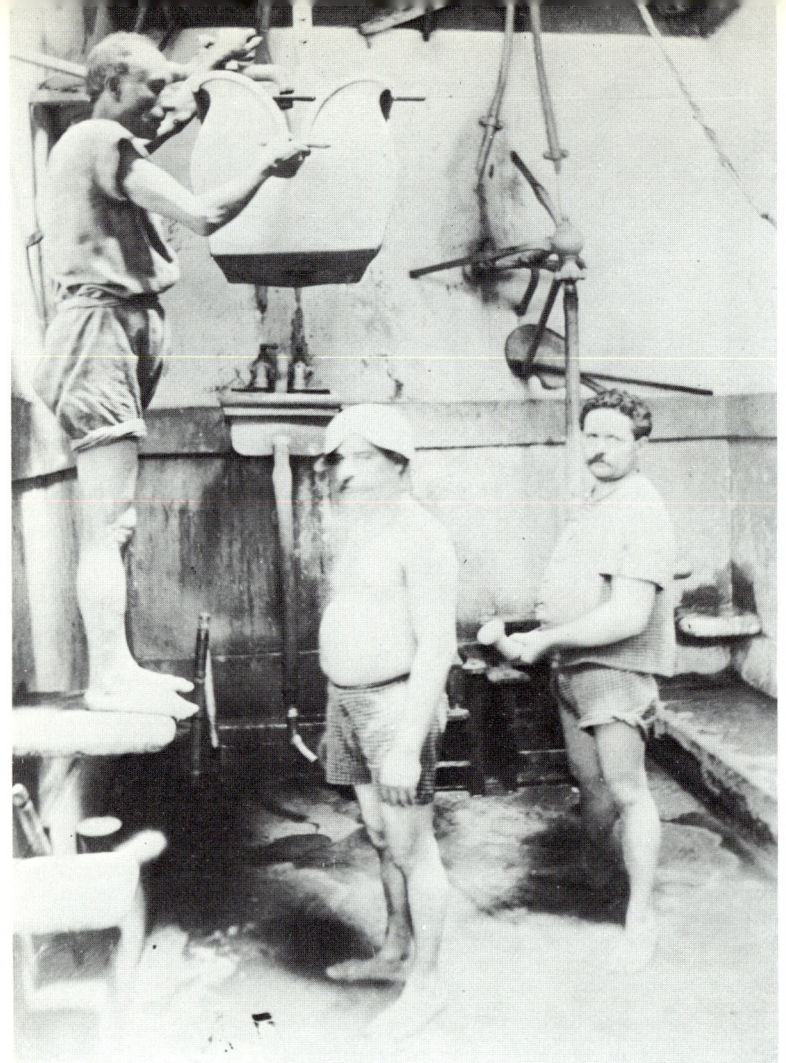

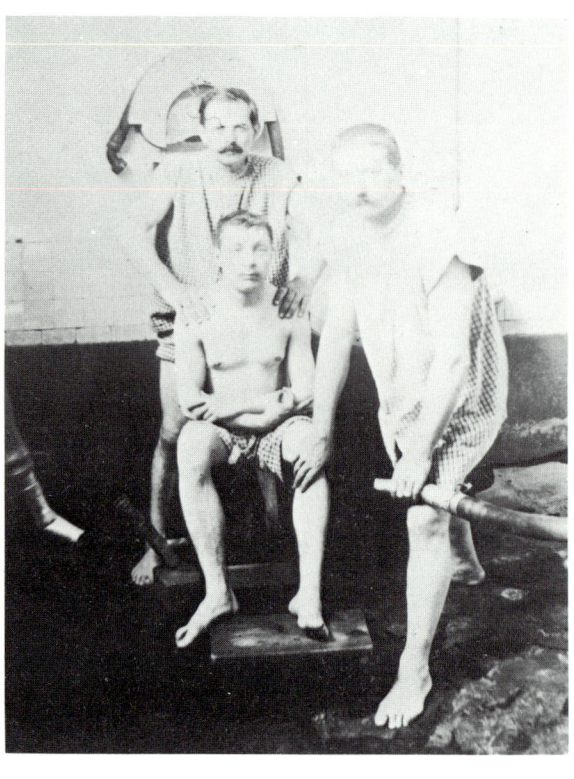

Diese alten Fotografien zeigen Kurgäste bei den verschiedenen Behandlungsmethoden in den Badeanlagen von Aix. Die heißen Schwefelquellen empfehlen sich besonders bei Hals-Nasen-Ohren-Leiden.

gewisse Lady Churchill. Königin Victoria gefiel es in Aix so gut, daß sie noch zwei-mal, in den Jahren 1887 und 1890, dorthin zurückkehrte, und nun genoß Aix-les-Bains noch mehr internationale Anerkennung. In der Saison des Jahres 1908 zum Beispiel kamen der König von Griechenland und die Königin von Italien, Sarah Bernhardt und „einige hundert" berühmte Leute aus Frankreich, Rußland, den Vereinigten Staaten, Rumänien und Griechenland. Mehr als alle anderen beherrschten jedoch die Engländer die Szene. In den Jahren vor dem Ersten Welt-krieg war ein Kuraufenthalt in Aix fast obligatorisch.

Nach 1914 sah sich Aix-les-Bains den gleichen Problemen gegenüber, mit denen auch die anderen ehemaligen Tummelplätze der Reichen zu kämpfen hatten. Wäh-rend der Belle Epoque waren in dem vornehmen Badeort einige der elegantesten Hotels Europas entstanden. Ein kleiner Bildband mit Postkarten vermittelt uns heute einen Eindruck von der Pracht des Ortes vor 1914. Da gab es das Palace Hotel Regina Bernascon, die Villa Regina, das Hotel Beau-Site, das d'Albion, das Hotel Excelsior, das Hotel Splendide und das Hotel Royal (das erst im Jahre 1914 eröffnet und schon bald zum Krankenhaus umfunktioniert wurde). Einige dieser großen Hotels, wie beispielsweise das Regina Bernascon, stehen heute unter Denkmal-schutz. An der Fassade darf nichts geändert werden, aber innen wurde es in Appar-tements aufgeteilt; ähnlich erging es dem Splendide, dem Royal, dem Excelsior und dem Mirabeau. Alle diese Hotels sind von großzügig angelegten Privatparks umgeben.

Nach dem Zweiten Weltkrieg stand die Gemeinde Aix-les-Bains vor schwieri-gen Entscheidungen. Die große Vergangenheit war jetzt endgültig zur Vergangen-heit geworden, man mußte an die Zukunft denken. In Aix gibt es immer noch die einst von Joséphine bewohnte Villa Chevalley und den ehemaligen Grand Cercle, der jetzt Palais de Savoie heißt. Das moderne Aix hat auch einen kleinen Flugplatz, Aix-Chambéry, eine Rennbahn und den Grand Port. Auf dem Lac du Bourget wer-den Segelregatten abgehalten. Am Seeufer reiht sich Campingplatz an Camping-platz. Die heute 30 000 Einwohner zählende Stadt lebt hauptsächlich von ihren heißen Quellen, die immer noch sprudeln, vom Tourismus und von der Industrie. Gekurt wird heute in supermodern ausgestatteten Kurmittelhäusern in Aix und Marlioz. Könige und Königinnen sind zwar rar geworden, aber dafür kommen Leu-te, die eine Kur wirklich brauchen. Im Jahr 1951 zählte man 14 600 Patienten. Letz-tes Jahr waren es über 45 000. Die Quellen von Aix werden besonders für Patienten mit Hals-, Nasen-, Ohrenleiden empfohlen.

Es gibt hier vieles, was die Touristen anlockt, angefangen von dem vor der Haus-türe liegenden Seestrand bis zu dem wunderschönen Bergpanorama im Hinter-grund. Die Industrie ist relativ unauffällig im südlichen Teil der Stadt unterge-bracht und stört die Touristen und Kurgäste kaum. Aix-les-Bains bietet auch die Annehmlichkeiten guter Gastronomie. Aus dem Lac du Bourget kommt der *omble chevalier,* der Saibling, einer der schmackhaftesten Süßwasserfische. Ihn fängt man nur während einer sehr kurzen Zeitspanne im Morgengrauen in Tiefen, in denen das Wasser sehr kalt ist. In den Kultstätten der Gastronomie wird er hoch geschätzt; das berühmte Restaurant Pyramide in Vienne/Isère wird mit *omble chevalier* aus dem Lac du Bourget beliefert. Savoyen ist auch für seine delikaten Käsesorten

Die Badeanlagen und großen Hotels von Aix-les-Bains. Im Vordergrund der römische Campanus-Bogen.

berühmt. Der ausgezeichnete Reblochon und der bekannte Beaufort kommen ebenso aus dieser Gegend wie der Tomme de Savoie und der Vacherin.

Aix-les-Bains bietet heute einige interessante Ruinen aus der Römerzeit, moderne Kurmittelhäuser, ein Spielkasino, das sehenswerte Musée Fauré, großzügige Parkanlagen, einen See mit allen dazugehörigen Freizeiteinrichtungen und eine ideale Lage an der Superautobahn zwischen Genf und Lyon, die kurz vor ihrer Fertigstellung steht. Kammermusikfestspiele sind geplant, und ein internationales Tanzturnier gehört bereits zum Programm. Es war für die Stadtväter bestimmt nicht leicht, nach einer so ruhmreichen Vergangenheit den Weg in die Zukunft zu finden, aber die Aixois (wie sich die Bewohner des Kurorts nennen) haben es geschafft. Im 16. Jahrhundert schrieb der Poet Jacques Pelletier ein Gedicht: „*Nous reviendrons à Aix*" (Wir werden nach Aix zurückkehren). Dieser Satz ist für die Einwohner von Aix quasi zum Motto geworden. Sie tun alles dazu, daß der Besucher wieder nach Aix zurückkehrt.

Der Lac du Bourget bei Aix-les-Bains.

Eugénies
Lieblingsorte

Die Küste bei Biarritz.
Eine frühe Tuschzeichnung des
französischen Malers Garneray.

Die Grenzen zwischen einem Kurbad und einem einfachen Erholungsort sind fließend. Heutzutage achten die Menschen mehr auf ihre Gesundheit, und es ist relativ einfach, die erforderlichen Einrichtungen für irgendwelche Behandlungen zu installieren. Ein Badeort, der auf sich hält, muß hingegen, um heute wieder attraktiv zu sein, über eine glänzende Vergangenheit verfügen und möglichst mit dem Namen eines Herrscherhauses aufwarten können. Was Kaiserin Elisabeth von Habsburg für Ischl und Meran und Edward VII. für Baden-Baden und Bad Homburg war, das war die Kaiserin Eugénie, die Frau Napoleons III., für Biarritz und Eugénie-les-Bains.

Eugénie de Montijo, ein hübsches Mädchen aus reicher spanischer Familie, wohnte an der Place Vendôme Nr. 12 in Paris in demselben Haus, in dem Chopin am 17. Oktober 1849 im Alter von 39 Jahren starb. Bei einem Empfang in diesem Haus wurde Eugénie Napoleon III. vorgestellt. Später heiratete er sie. Eugénie verbrachte den Sommer am liebsten in der südwestlichen Ecke Frankreichs, nicht weit von Spanien entfernt. Im Jahr 1854 wählten Eugénie und Napoleon III. das kleine Fischerdorf Biarritz als Sommerdomizil. Der Ort war damals vom Tourismus völlig unberührt und muß traumhaft gewesen sein. Bald entdeckte auch der Hof diesen Ort und mit ihm die Aristokratie und natürlich auch der Geldadel. Die Majestäten ließen eine luxuriöse Villa bauen, die später als Palais an der Avenue Impératrice Nr. 1 bekannt wurde. Das Gebäude wurde inzwischen modernisiert und hat heute einen Swimmingpool mit Meeresblick, auf den die Kaiserin Eugénie noch verzichten mußte. Vor dem 2. Weltkrieg war Biarritz wirklich ein königliches Refugium, und vor allem gekrönte Häupter pflegten sich anonym dorthin zurückzuziehen.

oben: Eugénie, das schöne spanische Mädchen, das Kaiser Napoleon III. heiratete. (Nach ihr wurde der Kurort Eugénie-les-Bains benannt.)

unten: Die Villa Eugénie, Sommerresidenz von Kaiser Napoleon III. und Kaiserin Eugénie in Biarritz um 1860.

St. Jean-de-Luz. Früher ein
kleines Fischerdorf, heute ein
bekannter Erholungsort im
französischen Baskenland.
Ludwig XIV. und Marie Thérèse
von Spanien heirateten dort.
Nach der Trauungszeremonie
kehrten sie in die hier
abgebildete Maison de l'Infante
zurück und warfen Münzen mit
Sonderprägung unter das Volk.

Während des Krieges wurde es still um Biarritz, aber in den 50er Jahren erlebte
der Ort ein erstaunliches Comeback. Heute steht er in der Besuchergunst über der
Riviera und Deauville. Es gibt zwei Kasinos, das Municipal und das Bellevue, und
es gibt große Hotels, allen voran Le Palais, *der* Palast schlechthin in Südwestfrank-
reich, der die Tradition einer *Epoque de grand luxe* beibehalten hat. Und es gibt den
Atlantik mit seiner wunderschönen Küste. Biarritz wird auch die Surfing-Haupt-
stadt Europas genannt.

Das schönste jedoch ist die malerische Umgebung. Es gibt Leute, die sie dem
Seebad selbst vorziehen. In Biarritz kann man den Vormittag mit Baden und Surfen an der Küste zubringen und dann in einem romantischen Bergdorf zu Mittag
essen. Bayonne mit seinen Stierkämpfen, dem Léon Bonnat-Museum, der Kathedrale und den alten Befestigungsanlagen ist nur wenige Kilometer entfernt. Ebenfalls in unmittelbarer Nähe befindet sich das alte Fischerdorf Saint-Jean-de-Luz,
wo Ludwig XIV. Marie Thérèse von Spanien heiratete. Und dann ist da noch
Hendaye an der Grenze zu Spanien mit seinem wunderschönen Strand. Der alte
Hafen von Biarritz, Le Vieux Port, erinnert an längst vergangene Walfängerzeiten.

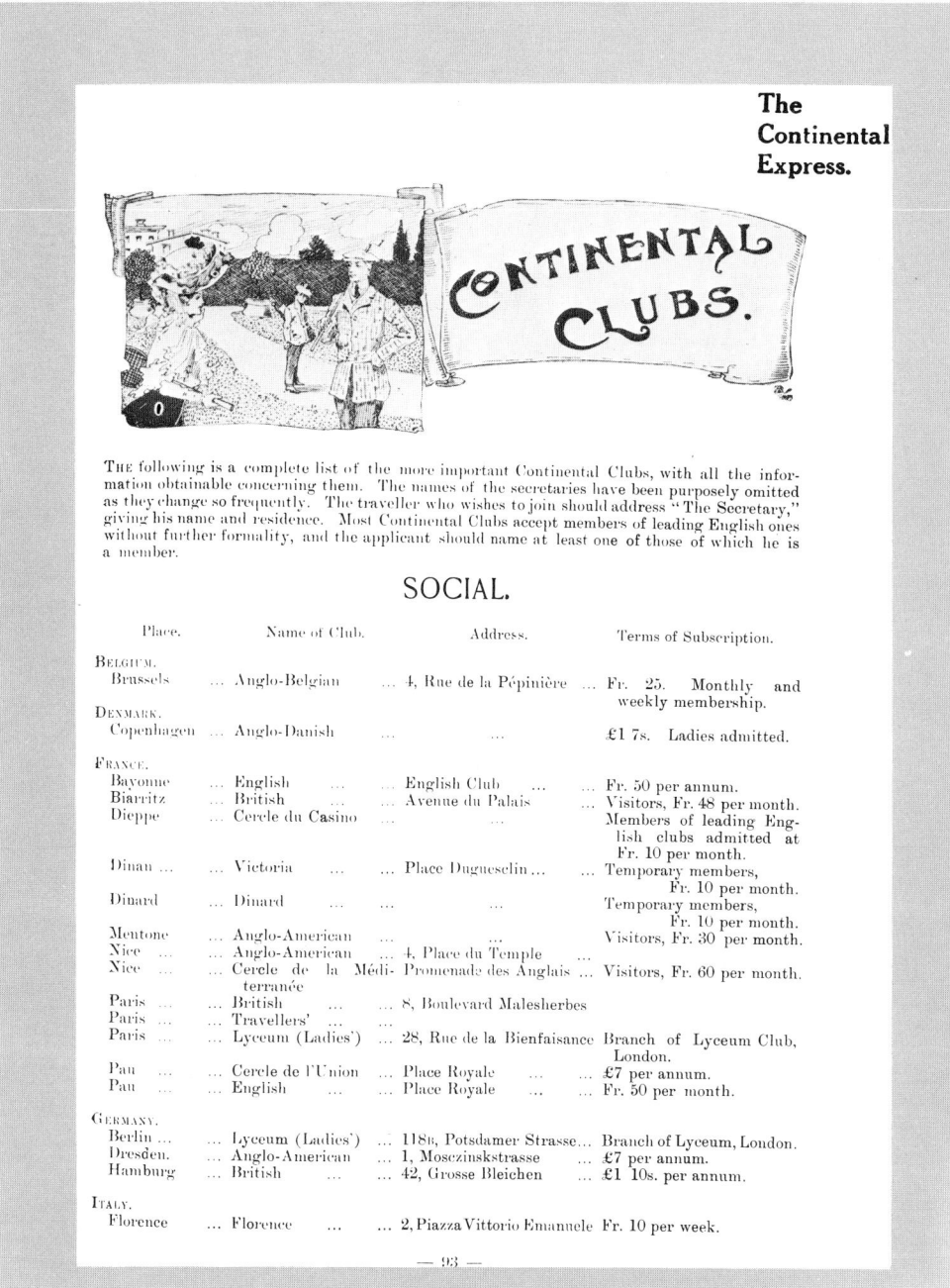

Eine Seite aus dem Magazin *Continental Express Illustrated* aus dem Jahre 1909. Darin sind die exklusiven Clubs aufgeführt, die man als Engländer bei einem Besuch auf dem Kontinent aufzusuchen hatte.

rechts: Bayonne, von Garneray. Bayonne liegt wenige Kilometer nördlich von Biarritz und ist für seine Stierkämpfe berühmt.

Biarritz scheint sich gegen jede Veränderung erfolgreich zur Wehr zu setzen. Vorbei sind die Tage, als Königin Viktoria auf Einladung Napoleons hierher kam, als ihr Sohn, Edward VII., jeden Sommer von 1906 bis 1910 hier Hof hielt, als der Herzog und die Herzogin von Windsor hier mit dem Nachtzug aus Paris ankamen. Im Juli ist Biarritz überfüllt, und im August ist es unmöglich, ein Hotelzimmer zu bekommen. Im September finden Kunstausstellungen für die Betuchten statt, und Trabrennen, die man besucht, um zu sehen und gesehen zu werden. Das Hotel du Palais ist ein Galahotel vom alten Schlag. Die Marmorbadezimmer sind fast so groß wie die Hotelräume, und wenn Sie es sehen möchten, wird man Ihnen sicherlich auch das Zimmer zeigen, das einst Winston Churchill bewohnte. Roten Plüsch und goldfarbenen Samt gibt es in Hülle und Fülle. Für jemanden, der auch in unserem unvornehmen Zeitalter einmal vornehm Urlaub machen möchte, ist Biarritz der

Molitg-les-Bains im Roussillon nahe der spanischen Grenze gehört zur „Kurortkette" des Monsieur Barthélémy. Im Bild das Grand Hotel Thermal, wo die Kurgäste sich den Schönheitskuren unterziehen, für die Molitg berühmt ist.

richtige Ort. Surfen läßt es sich am besten an der Côte des Basques und an der Chambre d'Amour, einem Fleckchen Erde mit hübschem Namen und einer entsprechenden Legende: In einer Felsengrotte vergaßen zwei Liebende die Welt um sich und bemerkten die aufsteigende Flut nicht. Sie ertranken, wahrscheinlich engumschlungen.

Biarritz kann mit sage und schreibe fünf Golfplätzen in einem Umkreis von nur 20 Kilometern aufwarten. Man kann reiten, Bowling spielen und eislaufen. Im nahegelegenen Bayonne wird Mitte August ein Fest mit Bullenrennen veranstaltet, und im Park Mazon wird man ständig irgendwelche Leute finden, die sich am Pelota, einem schnellen Ballspiel, erfreuen. Überall stößt man auf alte baskische Traditionen, schöne alte Kirchen, Männer mit schwarzer Baskenmütze, baskische Speisen, wie zum Beispiel die *tioro,* die der *bouillabaisse* ähnelt. Man sollte sie einmal in einem kleinen Restaurant im alten Hafen versuchen, obwohl natürlich auch das Hotel de Palais seinen Luxusgästen eine Luxusversion anbietet.

Eugénie-les-Bains, zwei Autostunden entfernt, ist eine ganz andere Welt. Es ist ein reizendes Dörfchen, das um die heißen Quellen herum gebaut wurde, die angeblich von Heinrich IV. entdeckt wurden, eine Behauptung, die sicherlich ins Reich der Legende gehört. Wie Heinrich IV. dorthin gekommen sein soll, weiß die Legende nicht zu berichten. Er nannte die Quellen Les Eaux de Saint-Loubouer. Im Jahr 1745 wurde dort ein Schloß gebaut und ein Park angelegt. Eines Tages im Jahre 1861 kam die Kaiserin Eugénie hierher und verliebte sich sofort in diesen Ort. Sie verbrachte viele Sommer dort, und der Ort bekam ihren Namen.

Nun ein Sprung in die Gegenwart. In Toulouse begann sich ein Franzose in den fünfziger Jahren dieses Jahrhunderts Gedanken über die Umweltverschmutzung und das hektische Leben zu machen. Er arbeitete als Journalist in Paris und hatte die ewige Hetze endgültig satt. Ihm wurde klar, daß die meisten Leute nicht einmal mehr die Zeit fanden, über die Bedeutung des Wortes Streß nachzudenken. Was diesen Leuten am allermeisten fehlte, dachte der Franzose, waren ruhige Dörfer fernab von der Alltagshetze, wo einem gar nichts anderes übrigblieb, als sich zu entspannen.

Und so begann Monsieur Adrien Barthélémy, in Vergessenheit geratene Badeorte in Frankreich aufzukaufen. Der erste war Molitg-les-Bains, dessen Name aus dem Arabischen, Maurischen oder Katalanischen stammt und „Molitsch" ausgesprochen wird. Der Ort liegt in der Nähe von Prades, wo sich Pablo Casals nach dem Kriege niederließ, um von seinem heimatlichen Katalonien nicht zu weit entfernt zu sein. Monsieur Barthélémy kaufte zuerst das Grandhotel Thermal, ein Haus mit allen medizinischen und kosmetischen Einrichtungen − schließlich sind wir ja in Frankreich, wo Schönheit wichtig ist − und danach erwarb er das Château de Riell, ein hundert Jahre altes, schloßähnliches Herrschaftshaus. Außen war es barock und wunderschön, innen dagegen sah es schrecklich aus. Seine Tochter Biche Barthélémy brauchte sechs Jahre und einen beträchtlichen Teil des väterlichen Kapitals, um das alte Herrschaftshaus in eine Nobelherberge für Erholungsbedürftige umzubauen. Alles außer der Fassade fiel den Renovierungsarbeiten zum Opfer, ein kleiner Aufzug wurde eingebaut und ein kleiner Swimmingpool auf dem Dach installiert. Der gepflegte Park ist von den Hügeln des Roussillon umgeben. Die spanische Grenze und der Zwergstaat Andorra liegen in unmittelbarer Nähe.

Die heißen Schwefelquellen von Molitg-les-Bains sind seit Jahrhunderten wegen ihrer heilsamen Wirkung für die Haut berühmt. Monsieur Barthélémys Experten entdeckten die außerordentliche Wirkung des Planktons, einer Art Alge, die in der Nähe der heißen Quellen wächst, auf die Gesundheit und Schönheit. Heute züchtet man dieses empfindliche Plankton bei totaler Dunkelheit und 40° C in 21 Tagen. Zufällig dauert eine Schönheitskur mit allem Drum und Dran ebenso lang, aber man kann die Behandlung auch in gedrängter Form durchmachen, beispielsweise in einer 11-Tage-Kur, die sich denjenigen empfiehlt, die bereits schön sind. Wissenschaftliche Forschungsergebnisse und die nachfolgende kommerzielle Auswertung des Planktons brachten eine ganze Reihe sogenannter Biotherm-Schönheitspräparate hervor. Sie werden heute in Monaco hergestellt und in die ganze Welt verkauft. Es gibt Leute, die fest davon überzeugt sind, daß Molitg eines Tages weltbekannt sein wird als Kurort für Männer und Frauen, die Verjüngung, Schönheit und Entspannung in angenehmer Atmosphäre suchen.

Als die Wirkung des Planktons entdeckt worden war, hatte Barthélémy bereits seine „Maison du Thermalisme" an der Avenue de l'Opéra in Paris eröffnet und war Besitzer von fünf Kurorten, der Chaîne Thermale de Soleil, die alle − einst vergessen − in Südfrankreich lagen und für Leute gedacht waren, die abnehmen, schöner werden oder einfach einmal alles hinter sich lassen wollen. Erwähnenswert sind Gréoux-les-Bains in den Alpen der Haute-Provence, Saint-Christau in den Pyrenäen und Barbotan-les-Thermes im Armagnac-Gebiet, allesamt Kurorte mit heißen Quellen, Ärzten, Krankenschwestern und allen erdenklichen Behandlungsmethoden.

Mein Lieblingskurort verdankt seinen Namen der Kaiserin Eugénie. Das Schloß dort heißt Les Prés et Les Sources d'Eugénie. Barthélémy, der mehr Badeorte als Töchter besitzt, schenkte es seiner Tochter Christine. Sie brauchte 10 Jahre, um das elegante zweistöckige Gebäude in eine Reihe von luxuriösen Doppelhäusern umzubauen. Sie ließ nur die Außenmauern des ehemaligen Belle Epoque-Herrschaftshauses stehen und restaurierte diese im Stil der Zeit. Sie stattete es mit geschmackvoll eingerichteten Speiseräumen und intimen Salons in harmonischen Farben aus, und als sie damit fertig war, baute sie auch noch das alte Schloß Eugénies um.

Das Thermalbad des Kurortes befindet sich in einem gesonderten Flügel und steht auch denjenigen Gästen zur Verfügung, die in den weniger teuren Hotels des Dorfes untergebracht sind. Die Quellen werden besonders von Leuten bevorzugt, die an Verdauungsbeschwerden, Gicht und Fettleibigkeit leiden. Sie kommen mit ihren kleinen Trinkbechern dreimal am Tag in den Park. Die Atmosphäre erinnert an Karlsbad (Karlovy Vary) in der Tschechoslowakei, aber die Kur in Eugénie-les-Bains ist geruhsamer und vor allem weniger politisch. Es gibt einen alten Park mit Mimosen und Platanen, einen kleinen See mit japanischen Brückchen und wunderschöne Spazierwege durch die Wiesen mit ihren wilden Blumen und vielen verschiedenen Kräutern.

Das Beste kommt noch. 1972 lernte Christine Michel Guérard kennen, der es inzwischen zum berühmtesten Avantgardisten der *nouvelle cuisine* gebracht hat. Er hatte ein kleines Restaurant in Asnières, einem Vorort von Paris. Es hieß Le Pot au Feu und hatte sich in der Gastronomie der Stadt einen Namen gemacht, mußte jedoch dem Bau einer neuen Straße weichen. Michel war darüber so bekümmert, daß er in wenigen Monaten 15 Pfund zunahm. Schließlich brachte er fast 70 Kilo auf die Waage, und das bei einer Größe von nur 160 cm. Zuerst versuchte er es mit Tabletten. Das half nichts. Dann versuchte er es mit der Null-Diät, während er für andere die *grande cuisine* zubereitete. Das trieb ihn fast zum Wahnsinn. Schließlich hatte er den blendenden Einfall, *grande cuisine* zu kochen, aber auf Fett, Mehl, Saucen und Zucker zu verzichten.

Michel Guérard hatte inzwischen Christine geheiratet und begann in Eugénie-les-Bains sein berühmtes *menu minceur* zu kreieren, gutes Essen mit wenig Kalorien, nicht mehr als 400 bis 450 pro Mahlzeit. Heute bereitet Michel seine Schlankheits-Menüs für gutbetuchte Patienten zu, die in das Kurbad kommen und sich dort dieser spartanischen Behandlung unterwerfen. Innerhalb von drei Wochen verliert man mindestens 8 Pfund und ißt dabei ausgezeichnet. Es ist eine ungewöhnliche Kur, aber Christine ist der Meinung, Michels kalorienarme Köstlichkeiten sollten den Gästen, die hier zur Trinkkur sind, das Abmagern wenigstens schmackhaft machen, und hofft, sich treue Stammgäste heranziehen zu können, die immer wiederkommen. Sie legt Wert darauf, daß auch junge Leute sich in ihrem Schloß erholen, nicht nur jung an Jahren, sondern jung an Geist und Seele, damit immer etwas los ist. Das wird genauso neu sein wie Michel Guérards neue Kochkunst. Was würde wohl Kaiserin Eugénie dazu gesagt haben?

Bad Ischl

Bad Ischl im Salzkammergut, der
„Salzkammer" Österreichs. Den
Salzwasserbädern wird eine
besondere Heilwirkung
nachgesagt.

Bad Ischl ist und bleibt ein bezaubernder Anachronismus, eine Operette, die das Leben geschrieben hat. Und wie jede gute Operette hatte auch Bad Ischl seine dramatischen und traurigen Szenen. Hier kann alles passieren, und das hat sich bis in die heutige Zeit nicht geändert. Seine Majestät, der Kaiser, verbrachte dreiundachtzig seiner sechsundachtzig Sommer hier. Es gab viele Kaiser in der 600jährigen Geschichte der Habsburger Dynastie, aber wenn man heute vom Kaiser spricht, dann ist nur *einer* gemeint: Franz Joseph I. Anfang Juli, wenn die Jagdsaison begann, verließ der Kaiser seine Wiener Hofburg und sein Schloß Schönbrunn und begab sich nach Ischl. Bis zum Jahre 1877, als die Eisenbahn gebaut wurde, benötigte man mit der Kutsche vier Tage für diese Strecke. Der Kaiser herrschte über viele Länder, vom Gardasee im Westen bis nach Dalmatien im Süden, von den Kurorten Karlsbad und Marienbad im Norden bis zu den Karpaten im Osten. Es lagen viele wunderschöne Orte dazwischen, wo 51 Millionen Menschen sechzehn verschiedene Sprachen sprachen. Franz Joseph besuchte sein Reich nur selten und auch nur dann, wenn es sich nicht umgehen ließ. Im Sommer fuhr er nach Ischl und führte dort ein seltsames, fast strenges Leben. Er gab sich mit nahezu pathologischem Eifer der Jagd hin. Warum fuhr er nicht an die blaue Adria, auf die Gletscher und Berge von Tirol, in die dunklen Wälder Polens? In Karlsbad, wo Goethe so viele Sommer verbracht hatte, hielt er es nur drei Tage aus. Der Grund dafür war seine Jagdleidenschaft, die selbst jene österreichischen Historiker verblüfft, die den Kaiser zu verstehen suchen. Die Kaiservilla, seine Sommerresidenz mitten im Kaiserpark, ist ein Beweis dafür.

Als der Kaiser dort residierte, war die Villa für die Öffentlichkeit nicht zugänglich, aber heute promenieren jährlich Zehntausende den Kiesweg zwischen den exakt geschnittenen Hecken entlang. Die Straßenlaternen auf beiden Seiten sind mit kleinen Krönchen verziert. Schließlich steht man vor der Kaiservilla, deren Fassade mit Jagdmotiven geschmückt ist. Sie stellt eine seltsame Mischung undefinierbarer Stilrichtungen dar, die die Bezeichnung Biedermeier nicht verdient. Der steile Hügel hinter der Villa, der Hainzen, war das private Jagdrevier des Kaisers. In den Hallen und Aufgängen, den großen Empfangsräumen und den kleinen Gemächern, überall zieren Jagdtrophäen die Wände. Es sind Hunderte, Tausende, ja Zehntausende − und alle mit genauen Orts- und Datumsangaben. In seinen sechsundsechzig Jagdsommern schoß Franz Joseph 2051 Gemsen und 1436 Hirsche; insgesamt erjagte er 50556 Tiere. Wenn man so die Trophäen betrachtet, fallen einem die Historiker ein, die behaupten, der Kaiser habe seine Frau Elisabeth (sie nannte ihn „Feldwebel") unglücklich gemacht und sich nie bemüht, seinen begabten Sohn zu verstehen, ja, er habe den Thronfolger, Erzherzog Franz Ferdinand, geradezu gehaßt. Als dessen Tod in Sarajewo den Ersten Weltkrieg auslöste, ging es auch mit dem Haus Habsburg zu Ende.

In dieser idyllischen Villa unterzeichnete Franz Joseph auch das Ultimatum an Serbien, das schließlich zu zwei Weltkriegen führen sollte. Der Schreibtisch, an dem er das schicksalsschwere Dokument am 28. Juli 1914 unterzeichnete, steht immer noch in seinem Schreibzimmer im hinteren Teil des 2. Stocks. Die Unterzeichnung selbst war nur noch eine Formalität: das Ultimatum war schon tags zuvor nach Serbien abgegangen. Die „Kriegspartei" am Kaiserlichen Hof hatte sich durchgesetzt,

Franz Joseph I. (1830 – 1916), Kaiser von Österreich. Er verbrachte jeden Sommer in Bad Ischl, wo er seiner Jagdleidenschaft frönen konnte. Tausende von Jagdtrophäen zieren die Wände der kaiserlichen Villa.

und der finstere Graf Berchthold, der Außenminister des Kaisers, hatte die Sache eingefädelt. Er wußte, daß die Tage der Monarchie gezählt waren, da der Kaiser in dieser verfahrenen Situation keine verläßlichen Verbündeten hatte. Ob Franz Joseph, der damals 84 Jahre alt war, am nächsten Tag wohl wie gewohnt auf die Jagd gegangen ist? Möglich wäre es.

Ganz Österreich wußte um die Romanze des Kaisers mit der „gnädigen Frau", wie sie offiziell am Hof in Wien genannt wurde, der Schauspielerin Katharina Schratt. Eine kleine Gartentür führte von der Kaiservilla in die benachbarte Villa Felicitas. Es gab nur zwei Schlüssel, wie ein leicht konsternierter Chronist berichtet. Einen hatte der Kaiser, den zweiten die Baroneß Kiss, die besser unter ihrem Künstlernamen Katharina Schratt bekannt war. In Ischl blieb Franz Joseph gewöhnlich bis zum 18. August, seinem Geburtstag, dann kehrte er nach Wien zurück. Sein Hof

Die Schauspielerin Katharina Schratt, Franz Josephs beste Freundin und Vertraute. Sie bewohnte die Villa Felicitas in unmittelbarer Nähe der Kaiservilla.

Der Hallstättersee in der Nähe von Bad Ischl. Franz Joseph und seine beiden Brüder werden in Ischl heute noch die ‚Salzprinzen' genannt.

und alle, die etwas auf sich hielten, leisteten ihm Gesellschaft. Die sozialistisch regierte demokratische Republik Österreich besteht nun fast 60 Jahre, aber die älteren Mitglieder der Wiener „Gesellschaft" kehren immer noch von ihrer Sommerfrische, sei es aus Ischl oder anderswo, am 18. August zurück; das ist eben eine alte Tradition.

Jedes Jahr findet am 18. August eine Kaisermesse statt in der ehrwürdigen Pfarrkirche St. Nikolaus, die im Mittelalter entstand und deren Altar teilweise im Jahre 1854 von Leopold Kupelwieser, einem engen Freund Franz Schuberts, gemalt wurde.

Einmal wohnte ich dieser Zeremonie bei. Die Kirche war überfüllt mit pensionierten Generälen und älteren adeligen Damen, die sich freundschaftlich begrüßten. Unter den Anwesenden befanden sich auch, von den Aristokraten völlig ignoriert, mehrere sozialistische Gemeinderäte, die entzückt den streitbaren Worten des Pfarrers über den Ruhm der vergangenen Monarchie lauschten. Dann erklang die alte Kaiserhymne: „Gott erhalte, Gott beschütze unseren Kaiser, unser Land!" Diese wunderschöne Melodie, Joseph Haydns Kaiserquartett entnommen, ist heute in Österreich tabu, der benachbarten Bundesrepublik Deutschland jedoch dient sie als Nationalhymne. Sie rührt mehr ans Herz als die derzeitige österreichische Nationalhymne von Mozart. Die Gemeinderäte erhoben sich wie alle anderen Besucher von den Sitzen und sangen mit, und kein Mensch in Ischl wunderte sich darüber. „Hier blickt der Kaiser immer noch aus jedem Fenster", erzählte man mir. Wie gesagt, in Ischl ist alles möglich.

Franz Joseph verdankt Ischl möglicherweise sogar seine Geburt. Das Gebiet ist schon seit über tausend Jahren bekannt. Eine erste Erwähnung des Flusses Iscula (Ischl) findet sich im Jahre 829 n. Chr. in den Mondseer Urkunden. Aus dem Jahre 1262 gibt es eine urkundliche Erwähnung von „Iselen" und im Jahr 1392 soll das Dorf Ischl zur Feste Wildenstein gehört haben. Beengte Raumverhältnisse und schlechter Boden zwangen die Bewohner, sich neben der Landwirtschaft nach anderer Arbeit umzusehen. Es gab die Wälder, seit 1563 die Salzminen, das sieben Jahre später entstandene Salzbergwerk und die Salzschiffe auf der Traun. Das ganze Gebiet wurde unter dem Namen Salzkammergut bekannt, da es die Salzkammer Österreichs war. Und Salz bedeutete Macht.

Die Heilkraft der Salzmine in Ischl wurde erstmals im Jahre 1819 vom Salinenarzt Dr. Joseph Götz erkannt. Er experimentierte zunächst mit Arbeitern aus der Salzmine, die an Rheumatismus und Hautkrankheiten litten. Götz hatte Erfolg, als er den Ischlern Solbädern eine Schwefelquelle aus der Salzmine zufügte. Dr. Götz, den Entdecker des Kurortes, ehrt nur eine Gedenktafel in Ischl; dem Dr. Franz Wirer, Ritter von Rettenbach hingegen, wurde im Kurpark ein stolzes Denkmal gesetzt. Kein Wunder: Dr. Franz Wirer war der Leibarzt der kaiserlichen Familie. Und diese Familie hatte ein Problem. Im Jahre 1824 hatte Erzherzog Franz Karl von Österreich Prinzessin Sophie, die neunzehnjährige Tochter König Maximilians von Bayern, geheiratet. Nach einigen Jahren hatten sie immer noch keine Kinder. Was sollte aus der Dynastie werden?

Auf Vorschlag Dr. Wirers, der nicht nur ein guter Kurarzt war, sondern auch die

Werbetrommel zu rühren verstand, fuhr Sophie voller Hoffnung nach Bad Ischl und nahm heiße Solbäder.

Zwei Jahre später, 1830, wurde Franz Joseph geboren. Er und seine beiden jüngeren Brüder, Maximilian und Karl Ludwig, werden in Ischl immer noch die Salzprinzen genannt. Ihre Eltern hatten eine tiefe Verbindung zu diesem Ort und verbrachten regelmäßig den Sommer dort. Es heißt, Franz Joseph habe sich bereits im Alter von drei Jahren in den Ort verliebt. Während seines langen, harten Lebens war er immer froh, dem spanischen Hofzeremoniell in Wien zu entkommen und in der ländlichen Atmosphäre von Ischl das Jägerdasein zu genießen. Dr. Wirer schuf mittlerweile die Esplanade an der Traun, eine elegante Promenade, die den Besucher an Wien erinnern sollte. Die Bäder wurden gebaut, eine Trinkhalle, der Kurpark, und es dauerte nicht lange, bis die Mitglieder des Hofes und der Wiener Gesellschaft Baden bei Wien den Rücken kehrten und die Saison in Ischl verbrachten.

Im Hotel Austria an der Esplanade fand am 17. August 1853 der zehnte Hofball statt, bei dem dem jungen Kaiser − er hatte im Jahre 1848, mit achtzehn Jahren, den Thron bestiegen − die beiden bayerischen Prinzessinnen Helene und Elisabeth vorgestellt wurden. Helene, die ältere, war ihm als Gemahlin zugedacht, aber wie jeder Österreicher weiß, verliebte er sich in deren sechzehnjährige jüngere Schwester, seine Kusine Elisabeth, die romantische „Sissi". Prinzessin Helene („Nene") existierte für ihn nicht mehr, aber das traf sie nicht sehr hart. Sie hatte keine Ambitionen, den Kaiserthron zu besteigen; sie liebte nämlich einen anderen. Die Pläne von Franz Josephs dominierender Mutter waren ins Wasser gefallen. Doch er erhielt von seinen Eltern trotzdem die Kaiservilla als Geschenk, und für die nächsten sechzig Jahre traf sich die Welt in Ischl.

Kaiser und Könige, Minister und Soldaten waren in der kaiserlichen Villa zu Gast. Wilhelm I., der deutsche Kaiser, kam mehrfach, auch der brasilianische Kaiser, die Könige von Serbien, Dänemark, Rumänien, Griechenland, Bulgarien und Siam. Edward VII. kam in den Jahren 1905, 1907 und 1908. Zu dieser Zeit war Franz Joseph schon ein verbitterter, unglücklicher Mann − seine Ehe mit Elisabeth war nicht glücklich gewesen. Ihr ältestes Kind, Kronprinz Rudolph, war in Mayerling gestorben. Der lieblichen Kaiserin gefiel es nicht in Wien, und sie verbrachte lange Zeit in Ungarn und in Irland. Im Jahre 1898 wurde sie in der Nähe von Genf von dem italienischen Anarchisten Lucheni erstochen. Franz Joseph, der sie immer geliebt hatte, war zutiefst erschüttert, und daß Katharina Schratt ihm gerade in diesem Moment auswich, wo er sie am meisten gebraucht hätte, machte es noch schlimmer.

In seiner Villa in Ischl erfuhr er eines Tages im Jahre 1866, daß seine Soldaten von den Preußen geschlagen worden waren, und im Sommer 1916 erklärte er, er wolle Frieden schließen. Er starb am 21. November. Er war und blieb ein Mann des neunzehnten Jahrhunderts.

Aber zwischen 1853 und 1914 war Ischl − seit 1906 wurde es wieder „Bad" Ischl genannt, um seine Eigenschaft als Kurort zu betonen − für die Sommerwochen einfach *der* Ort in Europa, *das* Statussymbol der Belle Epoque. Nach der kaiserlichen Familie, der Aristokratie und den Arrivierten kamen bald auch die Künstler, Komponisten, Schriftsteller, Maler und deren unvermeidliche Gefolgschaft. Ehrgeizige junge Soubretten hofften auf ein Engagement an einem Wiener Theater oder zumindest darauf, von einem feschen Herzog entdeckt zu werden. Ischl war damals Biarritz, Deauville, Montecatini und Marienbad in einem. In Ischl konnte man im Jahre 1908 den Kaiser und König Edward VII. von England zusammen in einem Automobil fahren sehen, das einzige Mal, daß Franz Joseph in so eine verrückte Erfindung stieg (er benützte auch das soeben erfundene Telephon nicht; wie schlau von ihm!). Und nach einem Staatsakt pflegte seine Majestät glücklich wieder seinen Steireranzug anzuziehen und mit seinem Jagdhüter durch die Wälder zu streifen.

Meine Mutter bat einmal meinen Vater, mit ihr während der „Saison" nach Ischl zu fahren, aber er schüttelte bedauernd den Kopf. Unmöglich, sagte er, man könne dort kein Zimmer bekommen. In Ischl konnte sich eine einundzwanzigkarätige Herzogin schon glücklich schätzen, in einem kleinen Kabinett ohne Bad unterzukommen. Die V.I.P.s, die der Kaiser nicht unter seinem Dach beherbergen wollte, wurden im führenden Hotel, der Post, untergebracht, das nach wie vor im Familienbesitz ist und heute vom Urenkel des Erbauers, Franz Koch, geleitet wird.

Bad Ischl kann auf eine ganze Reihe berühmter Stammgäste verweisen. Johannes Brahms verbrachte zwölf Sommer dort. Er aß sein geliebtes Gulasch im Hotel Elisabeth oder bestellte in David Sonnenscheins koscherem Restaurant die Spezialität des Hauses. Johann Strauß liebte Bad Ischl, weil es dort immer regnete – und das tut es auch heute noch. Das Salzkammergut ist ebenso für seinen beruhigenden Schnürlregen wie für seine tiefblauen Seen und seine satten grünen Wiesen bekannt. In Italien nennt man diesen Regen Spaghettiregen; er kommt langsam herunter und legt sich den Italienern leicht aufs Gemüt. Nicht so in Ischl. In einem Brief an Alexander Girardi, den berühmten Komödianten, äußerte sich Strauß begeistert über den ununterbrochenen Regen, das Plätschern des Bachs und über das gutgeheizte Zimmer, in dem er in Ruhe komponieren konnte. Girardi verstand. Er stammte aus Graz in der Steiermark und hatte in Ischl das Schlosserhandwerk erlernt. Er wurde in Wien ein ausgezeichneter Schauspieler, weil er sich auf der Bühne so gab, wie jeder Wiener gerne sein wollte. Wenn er dort geboren worden wäre, hätte er das nie gekonnt, sagte er einmal.

Der große österreichische Dichter Nikolaus Lenau schrieb einmal in Ischl: „Himmel! Schon vierzehn Tage unablässig bist du gehässig und regennässig!" Lenau deprimierte der Regen, aber er war sowieso depressiv veranlagt und starb später in geistiger Umnachtung.

Adalbert Stifter, Franz Grillparzer und Johann Nestroy, die Komponisten Giacomo Meyerbeer und Otto von Nicolai – sie alle kamen nach Ischl. Ebenso die Maler Rudolf von Alt, Thomas Ender und Ferdinand Georg Waldmüller, denen man heute wieder mehr Bedeutung beimißt. Der berühmteste Komponist, der je in Bad Ischl gelebt hat, ist jedoch Franz Lehár, der in manchen Kreisen bekannter ist als der Kaiser, und viele Besucher sehen sich zwar die Villa Lehárs, nicht aber die Kaiservilla an. Lehár schrieb sein Meisterwerk, Die Lustige Witwe, und dreiundzwanzig weitere Operetten in Ischl. Sein einst wunderschönes dreistöckiges Haus steht an der Esplanade und ist vollgestopft mit Erinnerungsstücken. Auf der anderen Flußseite steht das Haus von Richard Tauber, Lehárs Lieblingstenor. Lehár liebte sein Bad Ischl und starb dort im Jahre 1948. Damals hatte man schon wieder vergessen,

Ein Staatsbankett zu Ehren von
Edward VII. am 15. August 1907
in der Kaiservilla zu Bad Ischl.
Edward und Franz Joseph sind in
der Bildmitte zu sehen. Dahinter
an den Wänden die
Jagdtrophäen.

daß Richard Wagner und Lehár Hitlers Lieblingskomponisten gewesen waren. Lehár hat ein Ehrenmal im Ischler Friedhof bekommen, und sein Grab ist stets mit frischen Blumen geschmückt. Im Kurpark wurde ihm ein Monument errichtet, und sein Haus am Lehár-Kai ist heute ein Museum. Im obersten Stock gibt es ein Biedermeierzimmer, wo man Lehárs Talisman, einen kleinen braunen Elefanten, besichtigen kann. Er trug ihn immer in der Tasche, wenn er dirigierte oder der Uraufführung eines neuen Werkes beiwohnte. Die berühmte Villa mit Blick über den Fluß ist ein ziemlich düsteres Gebäude. Es ist ein heiliger Ort, an dem keine zynischen Bemerkungen geduldet werden. Manche Leute ziehen die Operettenfestspiele den Salzburger Festspielen vor. Während der Festspiele gibt es Vorträge über Lehár, Gedenkgottesdienste, und in allen Schaufenstern stehen Bilder vom Meister. Lehár wurde der Mozart von Ischl, das ehemalige Hoftheater bekam seinen Namen, und man ersparte ihm im Gegensatz zu Mozart, nach dem die Mozartkugeln benannt wurden, eine solche Entwürdigung. In Ischl gibt es keine Süßigkeit, die werbewirksam Lehárs Namen trägt.

Franz Lehár, der ungarische Komponist der „Lustigen Witwe" lebte fast sein ganzes Leben lang in Bad Ischl. Die Lehárvilla ist heute ein Museum.

Ischl war immer schon für Musik aufgeschlossen, und viele Komponisten fühlten sich hier zuhause. Heute wetteifern fünf Blaskapellen um die Gunst des Publikums; die berühmteste, das Salinen-Orchester, setzte sich ursprünglich aus Männern, die im Salzbergwerk beschäftigt waren, zusammen. Heute hat man längst mit dieser Tradition gebrochen, nichts geändert hat sich aber an der Beliebtheit der Dienstagabend-Konzerte des Salinen-Orchesters. Im Sommer, wenn Lehárs Stücke aufgeführt werden, besuchen seine Anhänger sein Haus, das „Museum", und bewundern die englische Biedermeiereinrichtung, böhmisches Glas, venezianische Lüster, eine von Tauber geschenkte Vase, einen Rembrandt und Photographien des Meisters, auf denen er mit Lotte Lehmann, Frau Anna Sacher und seiner eigenen Frau zu sehen ist. Auch sein goldener Taktstock liegt noch in seinem Sterbezimmer, und sogar die kleinen Fläschchen mit den Medikamenten stehen noch an ihrem Platz. In Ischl wird nichts verändert; man läßt alles, wie es war. Soweit es Franz Léhar betrifft, ist dagegen auch nichts einzuwenden, im Falle Franz Josephs I. dagegen scheint mir das keine glückliche Einstellung zu sein.

Die Kaiservilla ist nicht von der Republik übernommen worden, sondern blieb im Besitz der Habsburger. Lange Zeit gehörte sie Erzherzog Hubert Salvator, heute gehört sie seinen Kindern, deren er 13 hatte – Nachkommen waren bei den Habsburgern schon immer sehr wichtig, – und jedes Mal, wenn eines von ihnen heiratete, zog die Familie für eine Woche in die Villa ein. Verwandte und Freunde reisten an, Köche und Dienerschaft wurden eingestellt, und es wimmelte nur so von Hoheiten. Die Trauungszeremonie fand in jener Kirche statt, in der auf einer Marmortafel zu lesen ist, der Hoforganist Anton Bruckner habe hier bei festlichen Anlässen des Kaiserhauses die Orgel gespielt.

In der Wiener Hofburg kann man das private Tafelservice des Kaisers bewundern, goldene Schalen, Kristallkelche, kostbares Porzellan, blankgeputztes Silber. Prunk und Pracht einer absoluten Monarchie finden darin ihren Ausdruck. Gästen in der Hofburg wurde bedeutet, sie dürften nichts mehr anrühren, sobald der Kaiser aufgehört habe zu essen. Eine ärgerliche Vorschrift, da seine Majestät natürlich zuerst bedient wurde; er war zudem ein schneller Esser. Den jüngeren Erzherzögen wurden die Speisen sehr spät serviert, und wenn sie sich auch noch so sehr anstrengten, die Zeit war fast um, wenn ihnen die livrierten Diener die Köstlichkeiten auf die Teller legten. Sie schlangen so viel wie möglich hinunter, aber kaum hatten sie angefangen, da war der Kaiser bereits mit dem Essen fertig. Kein Wunder also, daß sie den Tisch meist hungrig verließen und sich schnurstracks ins Hotel Sacher begaben, um dort eine anständige Mahlzeit zu bestellen, die ihnen niemand vergällen konnte. In Ischl gab es diese Etikette nicht. Dem Kaiser genügte am Abend ein Glas saure Milch und ein Stück Bauernbrot. Man weiß nicht, wann er das vorzügliche Backwerk vom Zauner verspeiste. Er begab sich nie selbst dorthin. Die Köstlichkeiten der berühmten Konditorei wurden ins Haus gebracht, wenn der Kaiser in Ischl residierte.

Die Konditorei Zauner wurde im Jahre 1832 gegründet. Damals hieß sie Café Walther. Um diese Zeit war der berühmte Demel in Wien bereits eine 46 Jahre alte Institution. Im Jahre 1869 zog der Sohn von Johannes Zauner, Karl, in das heutige Gebäude in der Pfarrgasse, die immer mit Menschen und Autos vollgestopft ist. Aber das vergißt man schnell, wenn man Zauners süße Oase betritt. Der Laden ist nicht groß; vorne das Kuchenbuffet, die Regale und einige Tische. Dahinter der Rauchsalon und ganz hinten der kleine Salon. Die Ausstattung ist in Gold gehalten, im „kaiserlichen Stil", nicht zu verwechseln mit dem Empire. Die Atmosphäre könnte man als „diskretes Biedermeier" bezeichnen. Bei Zauner hört man weniger amerikanisches Englisch als bei Demel, und dafür mehr näselndes Maria-Theresia-Österreichisch: „g'sehn" statt „gesehen", die ersten Silben weden verschluckt. Älte-

Die Kaiservilla, wo Franz Joseph I. die Mächtigen der Welt zu Gast hatte und wo er das Ultimatum an Serbien unterzeichnete, das schließlich zwei Weltkriege auslösen sollte.

Der „Zauner" in Bad Ischl, einst Treffpunkt von Künstlern, Komponisten und Schriftstellern. Auch heute noch schätzt man die köstlichen Backwaren der traditionsreichen Konditorei.

re Stammgäste in leicht abgetragener *fin-de-siècle*-Kleidung parlieren in dem Dialekt, den Hofmannsthal im ersten Akt seines Rosenkavaliers so kunstvoll zur Anwendung brachte. Vor ein paar Jahren konnte man mit etwas Glück noch ein Kaiserdirndl sehen, getragen von einer ehrwürdigen alten Dame, die in der guten alten Zeit noch in der Schrattvilla zu Gast gewesen war, wenn Seine Majestät sich dort aufhielt. Niemals, unter gar keinen Umständen hätte sie erzählt, was damals dort gesprochen wurde, selbst wenn sie sich daran erinnerte — ähnlich wie Frau Schratt, die mit sechsundachtzig Jahren starb und sich immer geweigert hatte, ihre Memoiren zu schreiben, auch wenn ihr die lukrativsten Angebote gemacht worden waren. Eine solche Dame heute zu finden, dürfte schwierig sein.

Den Zauner sollte man eigentlich nicht mit dem Demel vergleichen. Die Österreicher können sich glücklich schätzen, daß sie beide haben. Demel ist vielleicht

etwas verfeinerter, der Großstadt angepaßt, Zauner dagegen ist solider, dem kaiserlichen Kurort entsprechend. Künstler, Komponisten und Schriftsteller trafen sich
beim Zauner, begrüßten sich herzlich oder wenigstens mit gut gespielter Herzlich-
keit und klatschten über die Abwesenden. Der Demel ist in erster Linie eine Konditorei, der Zauner ein Kaffeehaus geblieben. Berühmte Gäste hatten ihren Stamm-
tisch, Operettenkomponisten hielten Hof bei Zauner. Ischl war immer schon die
Operettenhauptstadt Österreichs. Lehár, Leo Fall, Oskar Straus (mit einem „s", weder verwandt noch verschwägert mit Johann oder Richard), der den Walzertraum
schrieb, Emmerich Kálmán („Die Czardasfürstin"), Ralph Benatzky, Edmund Eys-
ler, Robert Stolz – sie alle trafen sich nachmittags beim Zauner. Dazu gesellten sich
die Librettisten, Verleger, Bewunderer und anderes Gefolge. Wieviele Operetten
mögen wohl ihr Entstehen einem Zaunerstollen, einem Zaunerkipferl oder einer
Zaunertorte, der großen Spezialität des Hauses, verdanken?!

Der Zaunerstollen wird mit Nougat, gemahlenen Haselnüssen, Mandeln, zer-
bröselten Oblaten und geriebener Schokolade gemacht. Noch heute hält man sich
an das von Viktor Zauner vor achtzig Jahren zum erstenmal ausprobierte Stollen-
rezept. Beim Zauner gibt es auch Oblaten, jene runden, mit Zucker und gemahlenen Mandeln gefüllten Waffeln, die ursprünglich in Karlsbad erfunden wurden.
Zaunerkipferl sind mit einer Nußmasse gefüllte Blätterteighörnchen. Diese Spezialitäten kann man nicht beschreiben, man muß sie einfach selber kosten. Darüber
hinaus gibt es noch ein reichhaltiges Sortiment an Schnitten, Rouladen (natürlich
auch die üppige, rote Kardinalsroulade), Torten, Ischlertörtchen und eine delikate
Topfentorte. Die Malakofftorte ist ein Gedicht aus Schlagobers. Während der Saison sind die Torten mit frischen Beeren gefüllt. Die köstlichste ist die Erdbeertorte
mit frisch gepflückten Walderdbeeren – sie ist natürlich entsprechend teuer. Es ist
kein Geheimnis, daß es Leute gibt, die zur Jause nach Ischl zum Zauner fahren und
sich die Kaiser- oder die Lehárvilla nicht einmal von außen anschauen.

Heute bietet der Zauner sogar ein kleines Mittagessen an, das beste, das in Ischl
oder sogar im ganzen Salzkammergut zu haben ist. Hendl nach Art des Hauses oder
Ochsenschwanzsuppe, köstliche Sandwiches, kaltes Hendl, ein vorzügliches *ragout-
fin,* ein leichtes Omelett oder ein ofenfrisches Schinkenkipferl. Kaffee und Service
sind ausgezeichnet. Wenn die Mittagsgäste langsam aufbrechen, kommen die eleganten alten Damen zum Nachmittagsklatsch. Am alten Bahnhof, wo Seine
Majestät seit 1877 jeden Sommer ankam, fragte ich den Stationsvorsteher, ob es bei
der Ankunft des Monarchen eine spezielle Zeremonie gegeben habe.

„Nicht daß ich wüßte, aber ich war auch nicht dabei – es ist so lange her. Man hat
mir erzählt, daß ein roter Teppich ausgerollt wurde, wie man das bei entsprechenden Gästen in allen Luxushotels der Welt tut, ohne daß es gleich ein Kaiser sein
muß. Er ging durch einen schmalen Korridor und stieg in seinen Fiaker. Oder zwei
Einheimische trugen ihn in einer Sänfte zur Villa. Das habe ich neulich auf einem
alten Bild gesehen".

Vor einigen Jahren benötigte man den Platz und verlegte das Büro des Stations-
vorstehers mit dem Signalschaltbrett dorthin, wo früher der Korridor gewesen war.
Genau an der Stelle, wo Seine Majestät damals die Straße betrat, ist heute die
Wand mit dem Porträt des Präsidenten der Republik Österreich geschmückt.

Eine frühe Zeichnung von
Bad Ischl mit der Traun und
vornehmen Herrschaftshäusern.
Die flachen Boote („Plettn")
eigneten sich besonders gut für
die seichten Stellen entlang der
Salz-Strecke.

Bad Gastein

Der idyllisch gelegene Gebirgsort Bad
Gastein. Die Gasteiner Ache stürzt
als Wildbach zu Tale.

Bad Gastein, nicht selten liest man auch Badgastein oder einfach nur Gastein, wie es die Einheimischen und Stammgäste nennen, ist für viele zum Begriff geworden. Vor allem ist es ein wunderschöner Erholungsort, 1013 m über dem Meeresspiegel gelegen, umrahmt von der eindrucksvollen Kulisse der immergrünen Hänge beiderseits der Gasteiner Ache, die in schäumenden Kaskaden zu Tale stürzt. Dank seiner Lage hat Gastein einige der höchsten Hotels in Europa; bis zu 14 Stockwerke hoch, sind sie tief in den Granitfelsen verankert. Bei Nacht glaubt man, ein Stück der New Yorker Skyline sei durch irgendein Wunder in die österreichischen Hohen Tauern verpflanzt worden.

Zahlreiche Orte in Österreich sind wegen ihrer Ski-Abfahrten weltbekannt, vielen Leuten ist es hingegen nicht bekannt, daß Bad Gastein Österreichs bedeutendster Wintersportort ist. Seit dem Zweiten Weltkrieg sind hier viele Meisterschaften ausgetragen worden, 1958 die Alpine Skiweltmeisterschaft, 1967 der Alpine Cup. Eine Gondelbahn führt in zwei Etappen auf den 2246 m hohen Stubnerkogel, und der Gipfel des 2492 m hohen Graukogel ist für die vielen Skifahrer über zahlreiche Lifts erreichbar. Es gibt Idiotenhügel, Abfahrten in allen Schwierigkeitsgraden und Rennstrecken für Männer und Frauen. Die schnelle Männerstrecke führt in einem rasanten Lauf vom Berggipfel bis zur Talstation. Die Blaukar-Abfahrt gilt als „schwierig" – eine schlichte Untertreibung. Ehrgeizige Skifahrer nehmen sich einen Führer und steigen bis zu den Gletschern hinauf. Spaziergänger dagegen schätzen eher den Blick auf die weißen Gipfel aus sicherer Entfernung, was ebenso schön sein kann und ein längeres Leben verspricht.

Und ein längeres Leben ist genau das, was man von Bad Gastein erwartet. Schon seit sechs Jahrhunderten genießt Gastein den Ruf eines Jungbrunnens und Genesungszentrums. Die Heilerfolge sollen einmalig sein und beruhen im wesentlichen auf 18 weltbekannten Thermalquellen, die mit einer Temperatur zwischen 35 und 45° C austreten und über ein weitverzweigtes Rohrsystem an hundert verschiedene Stellen geleitet werden. In Gastein muß man nicht in ein Kurhaus gehen, um in den Genuß des heilenden Wassers zu kommen – die Quelle kommt zum Kurgast ins Hotel. Anhänger der Gasteiner Heilquellen schwören auf die belebende und gesunde Wirkung „ihrer" Quelle, die sie wieder jung gemacht und ihnen neuen Lebensmut eingeflößt hat.

Diese vielgerühmten Quellen sind klar wie Regenwasser; sie haben weder Farbe noch Geruch oder Geschmack. Doch sie enthalten Lithium, Mangan, Phosphorsäure, Fluor, Cäsium und eine Spur – aber wirklich nur eine Spur – Arsen. 120 bis 300 Mache Radium werden pro Liter gemessen, und diese Radioaktivität, in der richtigen Dosierung angewandt, wirkt sich verjüngend auf den Zellwuchs und den Hormonhaushalt des Körpers aus. Das klingt ein bißchen nach jenen zweifelhaften Zeitungsannoncen, die „ewige Jugend" versprechen, aber die Heilwirkung des Gasteiner Wassers wurde wiederholt wissenschaftlich belegt. Das heilende Radon-Gas steigt aus dem Wasser auf und verteilt sich in der Badekabine, die dann wie ein Inhalator wirkt. Hunderte von Untersuchungen wurden vom Forschungsinstitut der österreichischen Akademie der Wissenschaften und von der Gasteiner Außenstelle der Innsbrucker Universitätsklinik durchgeführt.

So stellte sich beispielsweise heraus, daß kleine Frösche im Heilwasser Bad

Gasteins zweimal so schnell wuchsen wie ihre Artgenossen, die man bei gleicher Temperatur in normales Wasser eingesetzt hatte. Die Geschlechtsreife trat bei Tieren, die im Heilwasser lebten, früher ein. Seltsamerweise büßt das Wasser nichts von seiner Radioaktivität ein auf seinem Weg durch das geniale, acht Kilometer lange Rohrleitungssystem nach Bad Hofgastein. Und dort kann man sich dann, für weniger Geld, wenn auch in etwas weniger eleganter, dafür aber rustikaler Umgebung, gesundkuren lassen. Aber das ist natürlich kein Thema für Bad Gastein, wenn man hier sonst auch über alles mögliche spricht.

Die Ärzte sind der Ansicht, daß die Atmosphäre im Gebirgsheilbad sehr stark negativ elektrisch aufgeladen ist, was den Prozentsatz der ultravioletten Strahlen vergrößern soll. Die Luft ist klar und rein − Nebel kennt man hier so gut wie überhaupt nicht (wenn es auch sehr viel regnet). In Bad Gastein atmet man selbst ohne Kur täglich etwa so viel radioaktiv angereicherte Luft ein wie ein Badegast in einer halben Stunde.

Kaum war diese Tatsache bestätigt, als sich Bad Gastein auch schon selbst zum idealen Kongreßzentrum ernannte. Man ließ wissen, daß die Kongreßteilnehmer hier wie nirgendwo sonst eine stimulierende Atmosphäre vorfänden. Während sie einerseits hart arbeiteten, unterzögen sie sich nebenbei ohne besonderes Dazutun einer erfrischenden Verjüngungskur. Das Kongreßhaus und das Kongreßzentrum im Haus Austria bieten heute in ihren Kongreßsälen und Konferenzräumen Platz für 1300 Menschen. Den Teilnehmern wird erklärt, daß sie hier gleichzeitig etwas für ihre Karriere und für ihre Gesundheit tun − eine wahrhaft ungewöhnliche Kombination.

Wie reagieren nun eigentlich die Einheimischen von Bad Gastein auf diese ständige Strahlung, der sie ein Leben lang ausgesetzt sind? Die Optimisten des Atomzeitalters führen an, daß die Gasteiner, deren Familien seit Generationen hier leben, zeitlebens mehr Gammastrahlen abbekommen als alle Schwarzseher unserer Welt, die behaupten, wir gingen durch die Atomtests allesamt langsam aber sicher zugrunde. Hätten diese Pessimisten recht, so argumentieren sie, dann wären die Gasteiner längst den Strahlentod gestorben. Aber ganz offensichtlich geht es ihnen ganz ausgezeichnet.

Die Lokalbehörden sind da etwas zurückhaltender. So heißt es da, gemäß den gesetzlichen Bestimmungen könnten Thermalbäder nur nach ärztlicher Verordnung zur Anwendung kommen und ein einheimischer Arzt müsse in jedem Falle zu Rate gezogen werden, wenn die Kurverordnung von einem nicht ortsansässigen Arzt ausgestellt wurde. Es ist also Usus, sich seinen Kuraufenthalt von einem Gasteiner Arzt absegnen zu lassen. Damit entgeht man der Gefahr, feststellen zu müssen, daß man im „Bäderheiligtum" eventuell nicht willkommen ist.

Man wird Ihnen die Erlaubnis zur Kur im allgemeinen erteilen, es sei denn, Sie haben Fieber, einen Herzfehler, Herzmuskelerkrankungen, Krebs oder andere bösartige Tumore, Tuberkulose oder irgendeine Geisteskrankheit. Viele Nicht-Gasteiner Ärzte lehnen eine Kur in Bad Gastein eher ab und begründen ihre Entscheidung damit, daß sich gesunde Leute durch die hohe Radon-Strahlung zwar vielleicht jünger und momentan auch gesünder fühlen mögen, daß aber eben durch diese kräftige Strahlung auch latente, bislang nicht erkannte Krankheiten zum

118

Bad Gastein. Aquarell aus
dem 19. Jahrhundert.

Ausbruch kommen könnten. Die Überlegung eines weisen Arztes lautet also: im Zweifelsfalle lieber nicht!

Der Gasteiner Kurarzt teilt diese Bedenken nicht. Er zählt die lange Liste der Leiden auf, die in Bad Gastein erfolgreich geheilt wurden. Alle rheumatischen Beschwerden, Kreislaufstörungen, Herzinfarkte, Impotenz und Unfruchtbarkeit, vorzeitiges Altern, Gicht, Nierensteine, Nachbehandlung von Knochenbrüchen, Asthma, Bronchitis und Parodontose. Es klingt wie ein Märchen, aber in Bad Gastein sind tatsächlich Wunder geschehen. Wunder geschehen auch in Lourdes. Beiden Orten ist gemeinsam, daß man daran *glauben* muß. Manche Leute kuren Jahr für Jahr in Gastein und fühlen sich danach wie neugeboren, weil sie einfach daran glauben. Die Kurärzte werden nicht müde, das alte Motto „Vorbeugen ist besser als Heilen" zu zitieren. Sie werden Ihnen empfehlen, nach Bad Gastein zur Kur zu kommen, auch wenn Sie sich der besten Gesundheit erfreuen.

Den maximalen Heilerfolg erzielt man erfahrungsgemäß nach zwölf bis einundzwanzig Bädern; einundzwanzig Bäder sind angeblich das Optimum. Einige Leute müssen jedoch bis zu sechs Wochen in Bad Gastein verbringen, bis ein Heilerfolg eintritt. Im Gegensatz zu vielen anderen Modebadeorten wird in Bad Gastein kein großes Brimborium um die Kurbäder gemacht. Zu frühmorgendlicher Stunde meldet sich der Gast beim Bademeister seines Hotels, wobei an Schlaflosigkeit Leidende bereits um 4 Uhr früh antreten können, was manche auch tun. Die Bäder befinden sich im Souterrain des Hotels, und gekurt wird dort das ganze Jahr über, Sommer wie Winter. Die ortsübliche Etikette verlangt, daß Sie andere Kurgäste im Aufzug nicht wiedererkennen, auch nicht die hübsche − in diesem Augenblick wahrscheinlich weniger attraktive − Dame, die noch vor wenigen Stunden beim Tanz in Ihren Armen lag.

Ihr Bad ist höchstwahrscheinlich eine etwas altmodisch gekachelte Angelegenheit und faßt etwa 800 Liter des wunderbaren, radioaktiven Wassers. Das Becken ist in den Boden eingelassen. Man schreitet einige Treppen hinunter und setzt oder legt sich dann in das Wasser wie ein römischer Kaiser. Die Wirkung läßt sich durch eine Unterwassermassage mittels eines starken Wasserstrahls aus einem Gummischlauch noch verstärken. Dieses Extra sollten Sie jedoch nicht ohne die ausdrückliche Erlaubnis Ihres Arztes genießen.

An der Wand hängt eine Uhr und ein Thermometer, das die genaue Wassertemperatur anzeigt. Üblicherweise beginnen Sie Ihre Kur mit einem 15-minütigen Bad bei 35° C. Alte Gasteiner Kurleitfäden bezeichnen dies als „Anfangstemperatur". Das mag Ihnen schon ziemlich heiß vorkommen, und von Minute zu Minute werden Sie das Ende des ersten Bades immer ungeduldiger erwarten. Später kann diese Viertelstunde aber sogar noch gesteigert werden − bis zu dreißig Minuten, und das Thermometer klettert auf Anweisung des Arztes bis auf 38° C. Die Bäder sind nicht gerade billig, was manche Leute dazu verleitet, etwas länger zu bleiben, um mehr für ihr Geld zu bekommen. Diesem Beispiel sollten Sie nicht folgen. Das Heilwasser greift das Herz an, auch wenn Sie davon zunächst nichts spüren. In anderen Kurorten hält man sich entweder an die Verordnungen des Kurarztes oder auch nicht; es kann eigentlich nicht viel passieren. Nicht so in Bad Gastein. Mit der Radioaktivität des Wassers ist nicht zu spaßen. Früher ließen sich manche Kurgäste ihr Frühstück

MINERAL SPRINGS
OF
GERMANY, AUSTRIA, AND
SWITZERLAND.
WITH
NOTES ON CLIMATIC RESORTS AND CONSUMPTION SANITARIUMS
PEAT, MUD, AND SAND BATHS, WHEY AND GRAPE CURES, &c.
A POPULAR MEDICAL GUIDE.

BY EDWARD GUTMANN, M.D.

With Illustrations, Comparative Tables, and a Coloured Map, explaining the Situation, and Chemical Composition of the Spas.

In balneis salus.

London:
SAMPSON LOW, MARSTON, SEARLE, & RIVINGTON.
New York:
D. APPLETON AND COMPANY.
1880.
[*All rights reserved.*]

Titelblatt eines bekannten Badeführers für Deutschland, Österreich und die Schweiz. Bad Gasteins weltberühmte Mineralquellen sind als „Jungbrunnen" bekannt.

im Bad servieren, wieder andere sollen während des Badens Karten gespielt haben, alles nach der Devise „je länger, desto besser". Einige von ihnen trug man dann vom Bad geradewegs zum örtlichen Friedhof. Bad Gastein mag für manche Menschen Wunder gewirkt haben, aber man sollte sich streng an die Anweisungen halten.

Nach dem Bad rubbeln Sie sich mit einem nassen Handtuch ab, ruhen in einer Badekammer auf einer Liege aus und atmen die radioaktive Luft ein. Dieser Teil der Kur ist sehr wichtig. Auch hier gilt das Gebot des Arztes.

Dann fahren Sie mit dem Aufzug in Ihr Zimmer zurück und ruhen vor dem wohlverdienten Frühstück, der besten Mahlzeit des Tages, noch etwas aus. Es gibt starken Kaffee, eine österreichische Spezialität seit den Türkenkriegen, und knusprige Kaisersemmeln, die nicht etwa nach dem Kaiser benannt wurden, sondern nach einem Wiener Bäcker namens Kayser, der sie um 1730 während der Regierungszeit Karls I. erfunden hat. Ursprünglich wurden sie nach ihrem Schöpfer „Kaysersemmeln" geschrieben, aber in Wien wurden halt früher oder später alle guten Dinge – man denke nur an den Kaiserwalzer von Johann Strauß und den berühmten Kaiserwein – dem Kaiser gewidmet. Eine echte Kaisersemmel wird nicht maschinell gefertigt, sondern immer noch mit den Händen geknetet, und sie ist auch teurer als eine gewöhnliche Semmel. In Bad Gastein gibt es noch Bäcker, die Kaisersemmeln nach dem alten Verfahren herstellen – wie lange allerdings noch, steht in den Sternen. Zu Kaisersemmeln gibt es frische Butter, Marmelade, Gelee und verschiedene delikate Extras.

Manche Kurgäste aber nehmen ihr Frühstück lieber in einem der nahegelegenen Berggasthöfe ein. Vor Jahren bin ich auch noch durch die Nadelwälder zum Café Windischgrätzhöhe hinaufgestiegen und habe mein Frühstück bei einem herrlichen Blick auf das Gasteinertal genossen. Damals lieferte die hauseigene Molkerei noch selbstgemachte Butter und Rahm und die Eier schmeckten köstlich. Die „Eierspeis", eine Art Rührei, konnte sich mit dem echten französischen *omelette nature* messen.

Der Rest des Tages gehört ganz Ihnen – das ist das Schöne an der Gasteiner Kur. Die meisten Ärzte raten zu gemächlichen Spaziergängen – die Betonung liegt auf gemächlich – und „leichter" sportlicher Betätigung; damit läßt sich die Kurwirkung angeblich noch steigern. Immer wieder warnen die Ärzte davor, in zu kurzer Zeit zuviel zu erwarten. Leute, die schon seit zwanzig Jahren regelmäßig nach Bad Gastein kommen – und solche Leute gibt es, darauf können Sie sich verlassen –, beteuern, daß sich der wahre Kurerfolg erst nach sechs Monaten einstellt.

„Es ist schwer zu erklären", berichtete mir ein älterer Herr. „Plötzlich fühle ich mich nicht mehr so abgespannt. Ich könnte Bäume ausreißen. Ich schlafe besser und habe Lust, spazierenzugehen und etwas zu unternehmen. Ich war im Sommer in Gastein und etwa um Weihnachten beginne ich die Wirkung zu spüren. Das ist eine Tatsache, das bilde ich mir nicht ein".

Obgleich Bad Gastein sehr alt ist – wie übrigens die meisten europäischen Kurorte mit Thermalquellen –, ist es auch ein sehr „moderner" Erholungsort, ein Paradies für überarbeitete Manager und andere Streßopfer, zumindest, solange sie sich an die Vorschriften ihres Arztes halten. Ein Kurarzt, der die Vorzüge der Kur beredt anzupreisen weiß, wie alle seine Gasteiner Kollegen, erklärt: „Die Wirkung der

Das Gasteinertal mit Hofgastein, Bad Gasteins Nachbarort, im Vordergrund. Bad Gastein liegt etwas weiter hinten im Tal.

Kur ergibt sich aus einer Aktivierung des Stoffwechsels. Sie regt die Blutbildung an, beeinflußt die Blutzirkulation und die Herzfunktionen. Der Puls wird langsamer und stärker, erhöhter Blutdruck wird gesenkt. Die Bäder wirken sich auch positiv auf das vegetative Nervensystem aus und beleben die Geschlechtsdrüsen. Eine Kur in Gastein wird also bei allen Ermüdungs- und nervösen Erschöpfungszuständen empfohlen. Wahre Wunder aber leistet sie bei Leuten, die unter Stoffwechselstörungen und Altersbeschwerden sowie Drüsenerkrankungen zu leiden haben. Wir konnten Patienten heilen, die mit Depressionen zu uns kamen. Wir erzielten optimale Heilerfolge bei Ischias, Lähmungen und Arteriosklerose. Manche kamen mühsam auf zwei Stöcken humpelnd nach Gastein. Vor ihrer Abreise gingen sie zum Wasserfall hinauf und warfen ihre Stöcke hinein. Sie konnten fortan ohne Schwierigkeiten laufen".

Ich persönlich habe nie jemanden kennengelernt, der mit zwei Stöcken anreiste und sie dann in einen Wasserfall warf, aber diese Geschichte hört man oft in Bad Gastein. Ich habe mich sogar mit Leuten unterhalten, die steif und fest behaupten, solche Leute gekannt zu haben. Wie ich schon sagte: Die erste Vorbedingung für eine erfolgreiche Kur ist, daß man daran glaubt. Sehr viele Leute kommen Jahr für Jahr hierher und beteuern jedem, daß sie ohne das heilende Wasser von Bad Gastein längst nicht mehr unter den Lebenden weilen würden.

Eine neue Therapieform für schwerkranke Patienten ist der sogenannte Heilstollen im nahegelegenen Böckstein. Dort ist die Radonstrahlung mit $4{,}1 \cdot 10^{-9}$ Curie je Liter Stollenluft in den verschiedenen Therapiezentren besonders intensiv. Die Temperatur im Stollen steigt von $37{,}2° C$ in der ersten Therapiestation auf $41{,}6° C$ in der heißesten Abteilung. Die relative Luftfeuchtigkeit beträgt 90 bis 97 Prozent. Dieser Stollen ist das einzige Heißluftheilzentrum der Welt, das 20 000 Kubikmeter umfaßt. Unter strengster ärztlicher Aufsicht versucht man dort, schwere Fälle zu behandeln, bei denen die Heilquellen Bad Gasteins keine Besserung bewirken konnten. Aber der heißen Luft im Stollen in Verbindung mit dem radioaktiven Wasser werden wahre Wunder nachgesagt. Die Patienten werden auf kleinen Wägelchen, die an den diversen Stationen halten, in den Stollen gefahren, der tief in den Berg führt. Dort müssen die Patienten in der heißen, feuchten Luft liegen. Ich war noch nie in diesem Stollen; die Kur soll furchtbar unangenehm sein. Aber die Patienten glauben daran. Sie beten um Genesung und werden gesund. Das Radon verläßt den Körper nach einigen Stunden wieder ohne irgendwelche negativen Nachwirkungen. Die Ärzte sind davon überzeugt, daß dem Patienten aus der Bestrahlung während der Behandlung keinerlei Gefahren erwachsen. Der Stollen ist von Mitte Februar bis Mitte Oktober geöffnet. Interessierte Patienten können sich direkt an die Verwaltung des Gasteiner Heilstollens oder an die Kurdirektion in Bad Gastein wenden. Ehe ein Patient angenommen wird, muß er die verschiedensten Tests und Untersuchungen über sich ergehen lassen.

Trotz dieser weniger angenehmen Prozedur ist Gastein wunderschön und niemals langweilig, und viele Gäste besuchen den Ort auch, ohne eine Kur zu machen. Im Sommer kann man Golf spielen, reiten, schwimmen und bergwandern, und im Winter bietet sich dem Besucher die gesamte Palette der Wintersportarten. Und das ganze Jahr über gibt es kostenlos die reine, prickelnde Bergluft dazu. Salzburg

Radiumbehandlung im Gasteiner Heilstollen. Hitze, Feuchtigkeit und intensive Radiumstrahlung sollen angeblich Wunder wirken.

ist nur knapp 95 Kilometer entfernt. Von der Mozartstadt führt eine atemberaubende Bergstraße nach Bad Gastein, über die ganzjährig ein Buspendeldienst eingerichtet ist. Schnellzüge aus Westeuropa und aus Griechenland und Jugoslawien halten in Bad Gastein. Während der Sommermonate wird Salzburg von New York aus angeflogen über London, Brüssel oder Frankfurt. Festspielbesucher, denen es in Salzburg zu hektisch zugeht, machen häufig einen Abstecher nach Gastein, um neue Kräfte zu sammeln.

Fiaker berichten nach einem entsprechenden Trinkgeld bereitwillig und stolz von ihren Zunftgenossen, die Kaiser Franz Joseph I. und den deutschen Kaiser Wilhelm zum Grünen Baum oder einem anderen Waldcafé zur Nachmittagsjause mit Guglhupf kutschiert haben. Vielleicht ist nicht alles ganz wahr an den Geschichten, aber wer nähme das schon übel. Das Kurorchester gibt täglich ein Konzert. Es hat zwar weniger Streicher als die Wiener Philharmoniker, aber das Repertoire ist nicht minder anspruchsvoll, und große Symphonien werden gekonnt mit kleiner Besetzung dargeboten. Ehrgeizig war man in Bad Gastein schon immer. Im Kasino kann man Roulette, Baccarat und Black Jack spielen. Es nimmt sich im Vergleich zu Monte Carlo oder Baden-Baden eher bescheiden aus, ein Mangel, den die Croupiers durch ihr extravagantes Auftreten wettzumachen wissen. Sie behaupten, in Bad Gastein seien oft mehr Millionäre und Filmstars zu Gast als in Monte Carlo,

„wo man außerdem nicht einmal jünger wird". Die Kombination von Amüsement und Jüngerwerden scheint einfach unschlagbar.

Gastein ist erst seit dem Mittelalter bekannt. Den römischen Kaisern sind die heißen Quellen offensichtlich entgangen, obwohl man Bronzemünzen mit den Abbildungen der Kaiser Trajan und Severus im Gasteiner Tal gefunden hat. Die erste urkundliche Erwähnung findet sich erst relativ spät, nämlich gegen Ende des 10. Jahrhunderts. Einheimische Historiker beteuern, daß die Pfarrkirche etwa im Jahre 696 n. Chr. erbaut wurde – einen schlüssigen Beweis dafür gibt es allerdings nicht. Die Pfarrkirche Heilige Maria in Hofgastein, Badgasteins weniger renommiertem Nachbarort, wird in einem mit 2. August 1023 datierten Dokument als *ecclesia parochialis in Castun* erwähnt. In den folgenden Jahrhunderten gab es zahlreiche Kriege und Auseinandersetzungen zwischen den bayrischen Herzögen und dem Erzbischof von Salzburg um die Herrschaft im Gasteiner Tal. Die Bauernkriege, die Türkenkriege und der Dreißigjährige Krieg hinterließen ihre Spuren in dem abgelegenen Tal. Im Jahr 1525 erhoben sich die Gasteiner gegen den Erzbischof. Ein Einheimischer, Kaspar Prassler, führte seine Leute nach Salzburg und besetzte

Fiaker warten am Gasteiner Bahnhof auf Fahrgäste. Eine Szene aus dem Jahre 1903.

Kaiser Franz Joseph von Österreich und Kaiser Wilhelm I. von Deutschland bei einem Besuch in Bad Gastein. Ihre Außenminister trafen sich hier häufig zu Besprechungen. Als Wilhelm I. starb, schickte Gastein einen Kranz aus 3000 Edelweiß zur Beerdigung.

mit ihrer Hilfe die Stadt. Erzbischof Lang zog sich auf die Festung Hohensalzburg zurück. Schließlich wurde ein Friedensvertrag unterzeichnet, aber im Jahre 1526 erlebte das Land erneut einen Bauernaufstand, der einen tragischen Ausgang nahm: siebenundzwanzig Rädelsführer, acht davon aus Gastein, wurden dem Henker übergeben. Im Jahre 1528 wurde das Tal von der Pest heimgesucht, der 350 Bewohner zum Opfer fielen. Danach zog der Dreißigjährige Krieg übers Land. Viele Menschen im Gasteinertal waren zum Protestantismus übergetreten; nicht einmal die Jesuiten konnten dies verhindern. Und schließlich mußten sogar viele Gasteiner in die Verbannung gehen. Im Jahre 1731 wurden 480 Bewohner nach Ostpreußen geschickt.

Das Gasteinertal hatte unter den napoleonischen Kriegen schwer zu leiden. Nach dem Friedensvertrag von Schönbrunn im Jahre 1809 trat Österreich Salzburg und Gastein an Bayern ab. Später fiel dieses Gebiet jedoch wieder an die rotweißrote Fahne zurück. Die Revolution von 1848 fand im Gasteinertal kein Echo. Danach mauserte sich der bis dahin kaum bekannte Badeort zum weltbekannten Kurort. Der preußische Feldmarschall Moltke kam im Jahre 1859 nach Gastein und berichtete danach Wilhelm, dem damaligen König von Preußen, von seiner „Entdeckkung". Wilhelm war, wie die meisten Deutschen, ein leidenschaftlicher Kurortbesucher. Unter dem Pseudonym Graf von Zollern (einem Namen, den er auch in Karlsbad benutzte), kam er im Jahre 1863 nach Gastein, und dann noch zweimal in den folgenden Jahren. Am 14. August 1865 wurde im Hotel Straubinger die Gasteiner Konvention unterzeichnet. Österreich wurde die Verwaltung Holsteins, Preußen die Schleswigs zugesprochen. Als Kaiser von Deutschland kehrte Wilhelm I. wieder nach Bad Gastein zurück. Insgesamt zog es ihn zwanzigmal dorthin, und er erklärte jedermann gegenüber bereitwillig, wie gut ihm die Heilquellen getan hätten.

Schließlich trafen sich auch Wilhelm I. und Franz Joseph in Gastein, und ihre Außenminister führten lange Besprechungen miteinander. Bismarck stieg im Schwaigerhaus ab, Julius Graf Andrássy im heute noch existierenden Straubinger. Die beiden Kaiser trafen sich zum letzten Mal im Jahre 1886. Der deutsche Kaiser, damals schon neunzig Jahre alt, hatte seinen Enkel mitgebracht, den späteren Wilhelm II. Als der greise Monarch im Jahre 1888 starb, schickte Gastein einen Kranz aus 3000 Edelweiß zu seinem Begräbnis.

Die österreichische Kaiserin besuchte Gastein in den Jahren 1888 bis 1893 insgesamt fünfmal. Ihr wurde in der Kaiserin-Elisabeth-Promenade ein Denkmal gesetzt. Bis zum Ersten Weltkrieg stiegen noch viele gekrönte Häupter in Gastein ab. Die 1909 in Betrieb genommene Tauernbahn brachte neue Patienten. Dann kamen die Weltkriege. Gegen Ende des Jahres 1945 besetzten amerikanische Truppen Bad Gastein, und viele Luxushotels wurden zu Luxusquartieren für G.I.s umfunktioniert. Die Amerikaner zogen nach fünf Jahren wieder ab, und seither ist Bad Gasteins Ruf als weltbekannter Kurort unumstritten.

Es sollte nicht unerwähnt bleiben, daß im 16. Jahrhundert der Arzt Theophrastus Paracelsus nach Gastein kam, um die Thermalquellen zu erforschen; aber man zeigte sich seinem Bemühen gegenüber wenig aufgeschlossen. Das große Geschäft war damals der Gold- und Silberbergbau, und wahrscheinlich waren die Edelmetallfunde auch der eigentliche Grund, warum sich der Salzburger Erzbischof so sehr für Gastein interessierte. Die Goldreserven erschöpften sich im 18. Jahrhundert, die Thermalquellen dagegen flossen weiter. Nur ein einziges Mal versiegten die Quellen für vierundzwanzig Stunden, als nämlich im Jahre 1755 in 1500 km Entfernung ein Erdbeben Lissabon erschütterte. Die Panik in Bad Gastein war fast genauso groß wie in Lissabon.

Im neunzehnten Jahrhundert stattete jeder, der etwas auf sich hielt, Gastein einen Besuch ab. Franz Schubert schrieb hier höchstwahrscheinlich seine Gasteiner Symphonie, die verschollen ist und weiterhin ein unerforschliches Rätsel im Leben des Komponisten bleiben wird. Vor dem Zweiten Weltkrieg, als die Salzburger Festspiele in Mode kamen, waren Toscanini, Bruno Walter und Thomas Mann ständige Gäste. Nach dem Krieg veränderte Bad Gastein sich zusehends. Nachdem die französischen und amerikanischen Besatzungssoldaten abgezogen waren, kamen italienische und französische Schwarzmarkthändler. Alte Gasteiner erinnern sich noch mit Schaudern an die ungewohnt laute Saison. Schließlich kamen die Deutschen zu Geld. Sie wurden wohlhabend und bekamen die Auswirkungen des Streß zu spüren. So war es unvermeidlich, daß sie Bad Gastein viele Jahre, nachdem die Kaiser hier abgestiegen waren, wiederentdeckten. Sie kamen in ihren großen Mercedes – der Kurort baute am Wasserfall ein Parkhaus mit einer Kapazität von 400 Autos – und bemühten sich, von der Managerkrankheit geheilt zu werden.

Als ich Bad Gastein im Jahre 1950 zum erstenmal besuchte, gab es dort noch eine Reihe von Luxushotels, die heute nicht mehr stehen. Das „Europa" war ein altmodischer Palast, in dessen geräumigen Fluren man sich verlaufen konnte. Das „Astoria" war so vornehm, daß man es nicht für nötig hielt, die Preise auszuhängen. Den „Kaiserhof" auf der anderen Seite der Ache mit seinem großen Privatpark gibt es noch. Das „Bellevue" ist ein Luxushotel geworden, ebenso wie das „Elisabethpark". Aber es gibt auch noch etwa hundert andere Hotels, Gasthöfe, Pensionen und Privatquartiere für jeden Geschmack und Geldbeutel. Viele Hotels sind von Mai bis Oktober geöffnet und dann noch einmal für eine kurze Wintersaison. Einige Hotels bleiben ganzjährig geöffnet, und das sind diejenigen, die ich bevorzuge. Der Service ist dort zuverlässiger und die Küche weniger anfällig als in großen Häusern, wo die Küchenbelegschaft erst am Ende der Saison ihre Topform erreicht.

Was mir an Bad Gastein besonders gefällt, ist, daß keine spezielle Diät vorgeschrieben ist. Mit Ausnahme der wenigen Patienten, die sich an eine bestimmte Schonkost halten müssen – das sind vor allem die diätbewußten Deutschen – kann jeder essen, was ihm schmeckt. Gerne speist man abends in einem Stüberl, wie es sie im Untergeschoß einiger Hotels gibt. Dort geht es weniger formell zu als in den eleganten Speiseräumen. Holzverkleidungen an den Wänden, schmiedeeiserne Lampen, Zitherspieler und Bedienungen im Dirndl schaffen eine gemütliche Atmosphäre. Die Speisekarte ist immer sehr umfangreich: Man findet mehrere Arten von Gulasch und die altbekannten Wiener Spezialitäten wie Wienerschnitzel, Zwiebelrostbraten und die unvermeidlichen Salzburger Nockerl. Sollte es dem anreisenden Kurgast gelungen sein, ihnen in Salzburg zu entgehen, dann bekommt er sie mit Sicherheit in Bad Gastein serviert.

Der Komponist Franz Schubert, ein häufiger Gast in Bad Gastein, ließ sich hier zu seiner Gasteiner Symhonie anregen.

Viele kulinarische Regionen sind auf der Speisekarte vertreten, nur aus Gastein selbst scheint nichts zu kommen. Niemand hat sich je die Mühe gemacht, einen Gasteinerbraten oder Gasteinerschnitten zu kreieren. Eigenartig, denn der bekannteste österreichische Koch, Eckart Witzigmann, ist in Bad Gastein geboren und hat seine steile Karriere im Hotel Straubinger begonnen. Witzigmann übt seine Kunst jetzt jedoch nicht in Österreich aus, sondern hat in München ein neues Domizil gefunden, wo er erstklassige Ware in Hülle und Fülle zur Verfügung hat und solvente Gäste, die vorzügliches Essen zu schätzen wissen und dabei nicht auf den Preis schauen.

Aber die Zitherspieler in Gastein lassen einen nicht im Stich. Es werden Heimatabende veranstaltet. Wem das weniger liegt, der besucht einen der eleganten Night Clubs mit charmanten Österreichern, die wie Operettenprinzen aussehen. Romantiker können zur Bellevue-Alm hinaufgehen und unterm Sternenhimmel tanzen. Für Opernliebhaber führt der Weg nach Salzburg, wo sie eine Festspielaufführung genießen können. Aber was auch immer Sie vorhaben, vergessen Sie nicht, daß Sie am nächsten Morgen um 6 Uhr früh im Untergeschoß Ihres Hotels eine Verabredung mit Ihrem Bademeister haben.

Bad Ragaz

Im Jahre 1240 wurde in der
Taminaschlucht bei Bad Ragaz
eine warme Quelle entdeckt.
Man baute Stufen zum Wasser
hinunter, damit die Patienten
dort baden konnten. Das Bild
zeigt die Schlucht und den Pfad,
der in den Felsen gehauen wurde.

Superautobahnen sind praktisch für Autofahrer, die schnell ihr Ziel erreichen wollen – ganz gleich, wie. Alles, was sie sehen, ist ein Streifen Landschaft entlang der Autobahn und hin und wieder eine Tankstelle. Vor Jahren, bevor die Schweiz die Autobahn von Zürich ins Engadin gebaut hatte, kam der Autofahrer auf seinem Weg von Zürich über Chur und weiter nach St. Moritz durch Bad Ragaz. Plötzlich schien die konservative schweizerische Landschaft mit den „Bank"-, „Change"-, „Gasthof"- und „Hotel"-Schildern verschwunden, und man fuhr für ein paar Sekunden an luxuriösen Hotels, einem gepflegten, dunkelgrünen Golfplatz und einem Kursaal-Kasino vorbei. Leute gingen auf gepflegten Wegen spazieren. Die Zeit schien in diesem kleinen, lieblichen Kurort stillzustehen. Dann war der Zauber auch schon wieder vorbei, und man sah das nächste „Change"-Schild auf der Straße nach Chur. Man dachte nicht weiter darüber nach, schließlich wollte man rechtzeitig zum Mittag- oder Abendessen in St. Moritz sein.

Mir war auch nie der Gedanke gekommen, in Bad Ragaz selbst abzusteigen. Die Schweizer sind nicht so kurortbewußt wie die Deutschen, die fest daran glauben, daß es für jede Krankheit einen geeigneten Kurort gibt. In Deutschland glaubt man, elf Monate im Jahr ein ungesundes Leben führen zu dürfen mit verschmutzter Luft, Streß, allzu reichlichem Essen, Trinken und Rauchen. Der zwölfte Monat ist dann der Kur in einem der zahlreichen Kurorte gewidmet, „um sich dort wieder auf Vordermann bringen zu lassen". Diese Philosophie hat in Deutschland eine Vielzahl von Kurorten aus dem Boden sprießen lassen. Einige offerieren ernsthafte Therapien, andere haben sich allein deshalb einen Namen gemacht, weil sie Entspannung, gute Luft, Sonnenschein und Ruhe anzubieten haben. Von einer richtigen Kur kann in diesen Fällen nicht die Rede sein, aber man fährt dort auch nicht hin, weil man ärztlicher Betreuung bedarf, sondern einfach um sich zu entspannen. Manche Leute haben zwar auch schöne Häuser, in denen sie sich entspannen könnten, aber der Arzt besteht auf einem Tapetenwechsel weitab von der gewohnten Umgebung. Man müsse seinen „Lebensstil" ändern.

Anders in der Schweiz. Hier leben die Leute vielfach genügsam, ja oft geradezu asketisch. Sparsamkeit ist eine nationale Tugend. Die Luxushotels wurden ursprünglich nur für Ausländer gebaut, die gebeten wurden, ihr Geld bei der nächsten Bank zu wechseln. Landschaft und Naturschönheit sollten nicht nur bewundert, sondern der Genuß sollte vor allem mit barer Münze bezahlt werden. Dann aber traf ich Leute, Schweizer und Ausländer, die jedes Jahr nach Bad Ragaz fahren und voll des Lobes waren. Sie sagten, es sei der ideale Ort, um wieder einmal die eigenen Batterien aufzuladen, sich zu entspannen, spazierenzugehen und Golf zu spielen, zu schlafen und einfach mal nichts zu tun. Wer von uns bräuchte einen solchen Ort nicht ab und zu?

Georg Szell, der große Dirigent, verbrachte jedes Jahr den Sommer hier. Wenn er nicht an seine Musik dachte, war er ein leidenschaftlicher Golfspieler und frönte im fast 1700 m hoch gelegen Crans-sur-Sierre seinem Hobby. Nach einigen Wochen stieg er jedoch wieder auf die weniger anstrengende Höhe (500 m) von Bad Ragaz herab und spielte dort weiter. Dann fuhr er nach Salzburg, um bei den Festspielen zu dirigieren und kehrte schließlich wieder nach Amerika zurück, wo ihn ein dicht gedrängtes Programm mit seinem Cleveland Orchestra erwartete. Er erzählte mir

Blick auf Bad Ragaz im Nordosten der Schweiz.

einmal, er könne das nicht durchhalten, wenn er nicht jeden Sommer seine Batterien in Bad Ragaz aufladen würde. Jetzt, nachdem ich dort gewesen bin, wenn auch im Winter, wo alles viel ruhiger ist, kann ich Szell verstehen. Bad Ragaz hat zwei Luxushotels, den „Quellenhof", der von April bis Oktober geöffnet ist, und das ältere Grandhotel Hof Ragaz, ganzjährig geöffnet. Da ich Hotels vorziehe, die ganzjährig geöffnet sind, wählte ich das Hof Ragaz und fand den angenehmen Service vor, den ich so schätze. Es mögen vielleicht hin und wieder ein paar Hammerschläge zu hören sein, denn in einem guten Hotel wird eben immer etwas gerichtet oder renoviert, doch wird dieses Haus von Jean Suter und seiner Frau Germaine nach dem vernünftigen Grundsatz geführt, daß ein Hotel ein vorübergehendes Heim für die Leute sein soll und der Gast deshalb Anspruch auf Ruhe, guten Service und gutes Essen hat. Hof Ragaz ist auf moderne Weise altmodisch. Die Wände sind dick, das Haus ist ruhig, und die Räume sind größer als in neuen Hotels, wo an jedem Quadratzentimeter gespart wird.

Wo heute das Hof Ragaz steht, lebte einst der Abt Johannes II. (1361–86). Das nahegelegene Kloster von Pfäfers ist noch viel älter. Monasterii Fabariensis, wie es im 12. Jahrhundert hieß, bestand aus zwei Kirchen und einem Aussätzigenheim. Um diese Zeit war die Benediktinerabtei von Pfäfers bereits fünfhundert Jahre alt, denn sie soll um 740 gegründet worden sein. 1240, vielleicht auch zwei Jahre später, wurde in der nahegelegenen Taminaschlucht eine wichtige Entdeckung gemacht: eine warme Quelle, die bei vielen Krankheiten wunderbare Heilung bringen konnte. Das war während der Regierungszeit des Kaisers Friedrich von Hohenstaufen, der im Jahre 1240 verordnete, der Beruf des Arztes sei von dem des Apothekers zu trennen.

Bald nach der Entdeckung der warmen Quellen wurden primitive Wannen in die Felsen der Schlucht gehauen und Holzstufen angebracht, damit die Patienten hinuntersteigen und mehrere Tage in dem warmen Wasser zubringen konnten. Dr. Felix Hemmerli, auch als Malleolus bekannt, schrieb 1453 in seinem Werk *De balneis naturalibus hic et alibi constitutis:*

„Wie alle anderen heißen Quellen auf der Erde ist auch die Taminaquelle Gold wert. Wer sie benützen möchte, muß außer einer Nacht Ruhepause sechs oder sieben Tage ununterbrochen in dem warmen Wasser bleiben. Im Gegensatz zu anderen Kurorten muß der Patient alle seine Mahlzeiten im Wasser einnehmen. Dies muß so sein, ist es doch außerordentlich mühsam und gefährlich, zu den Wannen hinunterzugelangen. Würde die Quelle in einer Ebene und nicht in einer Schlucht austreten, könnten darin 2000 Leute gleichzeitig baden. Die Heilkraft der warmen Quellen übertrifft die aller heißen Quellen in Deutschland.

Wir wollen nun von der Heilwirkung hören. Die Quelle heilt Gicht und Arthritis. Das warme Wasser beruhigt die gequälten Kopfnerven und stärkt die Sehkraft, macht aber nicht durstig. Es heilt den Juckreiz auf Haut und Fleisch. Es heilt Wundnarben. Oft stärkt es ermüdete Gelenke. Kurz gesagt, die Quelle wird jedem helfen, der an Schmerz und Angst leidet und auf Tröstung hofft. Der Glaube hilft ein gutes Stück weiter."

Ein erstaunliches Urteil, das durch moderne balneologische Forschungen bestätigt worden ist. Heute baden täglich über zweitausend Leute in Ragaz in privaten und öffentlichen Schwimmbädern, und viele von ihnen leiden unter „Schmerz und Angst".

Während der folgenden Jahrzehnte sprach sich die Heilwirkung der Taminaquelle so weit herum, daß der berühmte Abt Russinger, vielleicht die faszinierendste Figur in der Geschichte des Klosters, den berühmten Dr. Theophrastus Paracelsus von Hohenheim nach Pfäfers kommen ließ. Es war keine gute Zeit im Leben des großen Arztes. Er war nach Sterzing im heutigen Südtirol gegangen, um die Beulenpest zu bekämpfen, und kam dann über Meran in das Taminatal. Eine zeitgenössische Zeichnung, mit dem Jahre 1600 datiert, zeigt die Taminaschlucht mit einer Kapelle und primitiven Holzhäusern, wo die Patienten wohnten und ihre Bäder nahmen. Die Wannen in den Felsen waren immer noch in Gebrauch. Paracelsus muß die Quelle sorgfältig studiert haben, denn im Jahr 1535 schrieb er seine berühmte balneologische Studie „Vom Ursprung und Herkommen des Bads Pfeffers in der Oberschweiz gelegen...", die er „seinem gnädigen Herrn Joann Jacob Russinger" widmete.

Das Buch erregte großes Aufsehen, wurde oft nachgedruckt, ohne daß Paracelsus dafür etwas bezahlt bekam – damals gab es noch kein Urheberrecht – und machte so die Quelle von Pfäfers sehr berühmt. Es selbst verbrachte wahrscheinlich nur wenige Monate dort, aber seine Analyse der warmen Quellen war richtig und wurde später von vielen Kurärzten bestätigt. Im Jahre 1629 brannte das untere Holz-Badehaus in der Schlucht nieder. Abt Bonifazius II. ließ es nicht wieder am alten Platz aufbauen, sondern gab ein neues am Eingang der Schlucht in Auftrag, das bis heute erhalten ist. Das warme Wasser wurde durch Holzrohre hinabgeleitet. Im Jahre 1774 ließ Abt Boxler von Uznach ein großes Haus erbauen, das die Arbeitsräume des Abts beherbergen sollte, der damals auch Statthalter der Gegend war. Das Gebäude ist heute Teil des Grandhotels Hof Ragaz.

Später zogen die napoleonischen Kriege über das Land und spielten dem damals kleinen Dorf Ragaz übel mit. Im Jahr 1799 brannte die französische Armee unter General Masséna die Holzbrücke, die über die Taminaschlucht führte, nieder. Ein starker Wind kam auf, und das Feuer legte das ganze Dorf in Schutt und Asche. Es wurde bald wieder aufgebaut, und im Jahre 1819 ließ ein anderer Abt, Placidus Pfister, Pumpen am unteren Ende der Schlucht installieren und errichtete ein öffentliches Bad für die Armen und die Bettler. Eines Tages im Jahre 1840 läuteten endlich die Kirchenglocken in Bad Ragaz. Vor dem Hof Ragaz sprudelte das Thermalwasser aus den Holzrohren. Dies war der Anfang einer Entwicklung, die das kleine Dorf Ragaz zu einem bekannten Kurort machen sollte. Achtzehn Jahre später wurde die Eisenbahnlinie Zürich-Chur gebaut, und Bad Ragaz war jetzt auch über die Schiene erreichbar. Mitten im Dorf wurde eine öffentliche Badeanstalt errichtet.

Im Jahr 1868 ließ man einen Schweizer Architekten namens Bernhard Simon kommen, der den Auftrag erhielt, den Kurort neu zu gestalten. Simon hatte lange Zeit in Rußland gearbeitet und unterhielt immer noch gute Verbindungen zu diesem Land. So kam es, daß viele Jahre lang russische Aristokraten nach Bad Ragaz reisten, um sich von ihren Krankheiten zu kurieren. Simon hatte den Ort inzwischen völlig neu gestaltet. Der elegante Kurort verfügte jetzt über einen Kursaal,

Das Grand Hotel Hof Ragaz. Im Jahre 1840 floß vor dem Hotel zum ersten Mal das Thermalwasser aus den dorthin geleiteten Holzrohren.

mehrere Hotels und einen gesonderten Bereich, der den Kurgästen vorbehalten war. Der luxuriöse Quellenhof öffnete 1869 seine Pforten und zählt auch heute noch zu den berühmtesten Hotels der Schweiz. Simon starb im Jahre 1900, doch seine Ideen lebten weiter und wurden nach und nach verwirklicht: Der Golfplatz wurde 1905 inmitten der Alpenlandschaft angelegt und zwanzig Jahre später noch vergrößert. Im Jahre 1941 zerstörte ein Feuer den Quellenhof fast völlig. Er wurde neu aufgebaut und stand ab 1959 den Gästen wieder zur Verfügung.

Heute haben sowohl der Quellenhof wie auch das Grandhotel Hof Ragaz ihre privaten Thermalbäder und alle modernen therapeutischen Einrichtungen. Im Gegensatz zu vielen anderen Badeorten ist die Kur in Ragaz recht angenehm. Die Thermalquelle, die bei ihrem Austritt die angenehme Temperatur von 37° C hat, wird in isolierten Rohren nach Ragaz geleitet und verliert auf ihrem Weg nur 1° C an Wärme. Die Quelle enthält wenige mineralische Substanzen; sie ist eine „Akrotherme", besser bekannt als Wildwasser, und farb- und geruchlos. Den Hotelgästen wird geraten, nicht länger als zehn Minuten im Wasser zu bleiben. Manche Kurgäste klagen nach acht oder neun Tagen über Appetitlosigkeit, schlechten Schlaf, Depressionen und allgemeines Unwohlsein. Aber schon bald fühlt sich der Patient wieder besser, kräftiger und stärker. Die Badekur wird oft durch eine Trinkkur ergänzt. Das Ragazer Wasser scheint auf viele innere Organe stimulierend zu wirken. Früher oder später wird man es in Flaschen abfüllen und überall verkaufen.

Die mehr oder weniger gesunden Kurgäste, die nach Ragaz kommen, nehmen vor dem Frühstück ein Bad und gehen dann noch einmal auf ihr Zimmer. Im Gegensatz zu den armen Patienten in den Anfängen des Ragazer Kurbetriebs, die noch über schmale Stufen in die Schlucht hinuntersteigen mußten oder in Körben hinabgelassen wurden, haben es die heutigen Kurgäste äußerst bequem. Nach dem Bad sollte man sich niederlegen; wenn man noch eine Stunde schlafen kann, um so besser. Nach dem Frühstück kann man tun was man will. Golfspieler können sich einmal so richtig austoben. Der Platz soll einer der besten in ganz Europa sein. Nichtgolfer lädt eine wunderschöne Promenade zum Spazierengehen am Rhein ein. Die Luft ist sehr rein und die Höhenlage gerade richtig.

Das Fürstentum Liechtenstein ist mit dem Auto in zwanzig Minuten zu erreichen. Die Liechtensteiner kommen oft nach Bad Ragaz, um zu baden, Golf zu spielen, dem Kurorchester zu lauschen oder ein wenig Geld beim *Boule* im Kursaal-Kasino aufs Spiel zu setzen. *Boule* ist die böse kleine Schwester des Roulette und sieht unschuldig und billig aus. Es gibt insgesamt nur neun Nummern, die abwechselnd schwarz und rot sind (im Gegensatz zum Roulette mit seinen sechsunddreißig Nummern). Es gewinnt nur die Nummer, die herauskommt, und es wird das Siebenfache des Einsatzes auf diese Nummer gezahlt. Die Chancen des Spielers, zu gewinnen, stehen weniger als 1:11 (genau 11 $\frac{1}{9}$). Die Chancen beim Roulette sind erheblich höher, weil der Hausvorteil nur 1,38% beträgt, und trotzdem halten die Spieler − Kurgäste und Besucher aus dem nahegelegenen Liechtenstein − *Boule* immer noch für einen harmlosen Zeitvertreib.

Es macht viel mehr Spaß, nach Vaduz, der Hauptstadt von Liechtenstein, hinüberzufahren, jenem seltsamen Ländchen zwischen der Schweiz und Österreich, das nur knapp 25 km lang und knapp 6 km breit ist, keine Eisenbahn hat, Luftpostmarken verkauft, ohne über eine Fluglinie zu verfügen, aber mit einer großartigen Landschaft vom Rheintal bis zur alpinen Höhe der Grauspitze (2840 m) aufwarten kann, das keine Arbeitslosen und keine Slums kennt und dessen durchschnittlicher Lebensstandard zu den höchsten der Welt zählt. Niemand zahlt mehr als 25 Prozent Einkommenssteuer. Ein Drittel der 21 800 Einwohner sind Ausländer, das ist die erlaubte Höchstzahl. Der regierende Fürst, einer der letzten konstitutionellen Monarchen, entstammt einer sehr vornehmen Familie, deren Stammbaum sich über achthundert Jahre zurückverfolgen läßt. Es ist ein kaum erfüllbarer Wunsch, Liechtensteiner zu werden. Familien, die schon seit Generationen dort leben, sind immer noch Ausländer. Liechtenstein ist ein bekanntes Steuerparadies, hat (wie Kuwait, der Jemen und Saudi-Arabien) kein Frauenwahlrecht, und allein die private Kunstsammlung des Fürsten Joseph II. wäre schon die Fahrt von Ragaz nach dem „Ländle" wert.

Mehrere Rembrandts, ein schöner Botticelli, ein Bild von Pieter Breughel dem Jüngeren, einige Van Dycks und zwei frühe Meisterwerke von Rubens − diese Kunstschätze sind in der Privatsammlung des Fürsten an der Hauptstraße von Vaduz zusammen mit vielen anderen Kunstwerken zu bewundern. Als der Zweite Weltkrieg ausbrach, befanden sich die meisten Gemälde des Fürsten im Liechtenstein-Palais in Wien, einem der drei Paläste, die die Fürstenfamilie noch in Wien hat. Als sich der Krieg auf Österreich ausdehnte, wurden die Gemälde in die unterirdischen Salzminen in Lauffen in der Nähe von Bad Ischl und in Depots in Klosterneuburg bei Wien gebracht, wo die Gewölbe gerade hoch genug waren, um die größten Rubensbilder aufnehmen zu können. Schließlich kam der Fürst nach Wien, ließ die wertvollsten Gemälde in Busse verladen, deren Sitze man herausgenom-

links: Der Sass-See und die Gebirgslandschaft von Liechtenstein. Liechtenstein liegt unweit von Bad Ragaz.

rechts: Eine Idylle im alten Vaduz, der Hauptstadt von Liechtenstein.

men hatte, und irgendwie gelang es ihm, Ostern 1945 in Vaduz einzutreffen, zu einer Zeit, da die Russen bereits in Wien waren.

Nachdem Sie die Gemälde besichtigt und sich mit liechtensteinischen Briefmarken eingedeckt haben, die bei Sammlern überaus begehrt sind, können Sie im Hotel Rèal oder im Parkhotel Sonnenhof zu Mittag oder zu Abend essen. Felix und Emil Real haben ihre Kunst in Frankreich erlernt; sie besitzen Weingärten in Liechtenstein, füllen einen guten Wein ab, und in ihrer Speisekarte schlägt sich die geographische Lage zwischen der Schweiz und Österreich nieder. Im Hotel Real können Sie geschnetzeltes Kalbfleisch bekommen, wie man es sonst nur in Zürich zuzubereiten versteht, Wiener Backhuhn besser als in vielen Wiener Restaurants, und *piccata toscana;* aber auch *quenelles de brochet,* Scampi, Austern und feine Wildgerichte.

Warum ich Ihnen das alles erzähle, wo es doch eigentlich um eine Kur in Bad Ragaz geht? Weil das nahegelegene Liechtenstein unbedingt zu einer Kur in Bad Ragaz gehört.

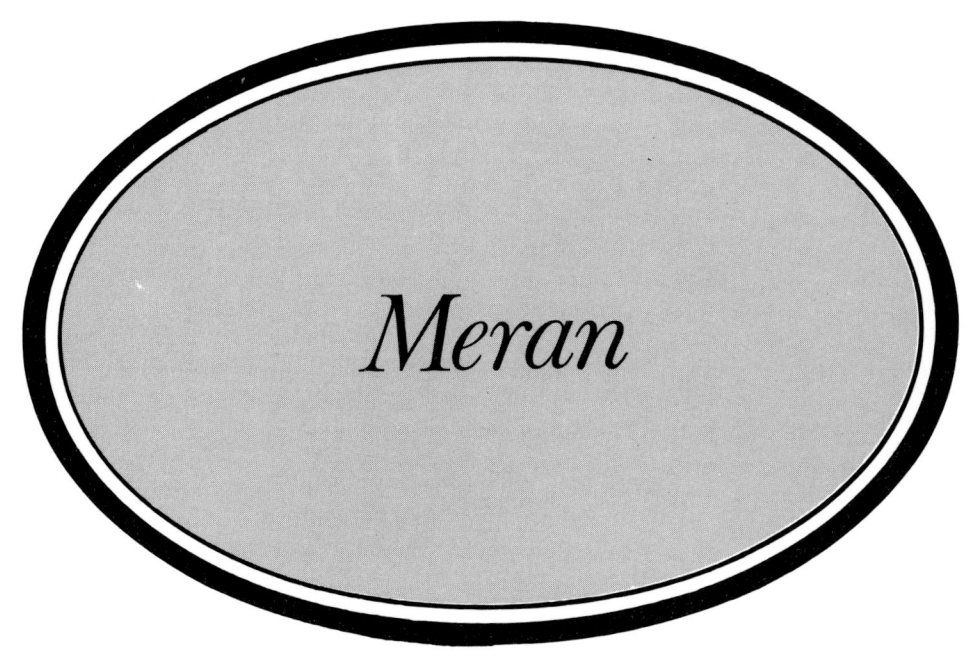

Meran

In der weiten Ebene zwischen
Meran und Bozen gedeihen Wein
und Obst prächtig. Hier ein
Blick vom Schloß Tirol.

Seit dem Jahre 1913, als meine Mutter mit mir dorthin in Erholung fuhr, ist
Meran mein liebster Zufluchtsort. Ich war damals ein kränkelnder Junge von sechs
Jahren, der schlecht aß – was mir manche Leute heute nicht mehr abnehmen wollen
– und hatte gerade eine Lungen- und Rippenfellentzündung überstanden. Seit
jenen Tagen hat sich vieles geändert, überall und natürlich auch in Meran, aber ich
fahre immer noch gerne dorthin. Ich finde, daß es keinen besseren Platz auf der Welt
gibt, um einmal völlig abzuschalten, aber auch daran werden manche Leute Zweifel haben. Es ist auch nicht mehr so einfach, seit Meran von den Reisebüros entdeckt
wurde.

Während des glanzvollen Niedergangs der Habsburgermonarchie war Meran
Europas südlichster Kurort. Die ebenso liebliche wie unglückliche Kaiserin Elisa-
beth, Heldin von Legenden, Operetten und Sonntagsbeilagen, verbrachte oft den
Winter in Meran, samt Hofstaat und umgeben vom Hochadel, der zu stolz war, um
mit dem weniger hohen Adel auch nur ein Wort zu wechseln. Daneben fanden sich
russische Herzöge, englische Lords und böhmische Schneider ein sowie „liederliche
Frauenzimmer", wie man sie damals bezeichnete; die gleichen Leute also, die auch
Baden-Baden, Monte Carlo und andere Mode-Badeorte besuchten. Die „Kur" in
Meran war sehr angenehm: kein Heilwasser, keine Bäder – das alles kam erst später.
Der Kurarzt riet seinen Patienten, pro Tag mehrere Pfund von den kleinen Trauben
zu essen, wie sie in und um Meran wachsen; ja sogar mitten in der Stadt gibt es
Weinberge. Die Trauben, in dieser Anwendung als Kurtrauben bezeichnet, waren
zur Weinherstellung nicht brauchbar. In entsprechenden Mengen verzehrt, sollten
sie der Wirkung der Karlsbader Heilquellen gleichkommen, nur schmeckten sie
besser. Die Ärzte empfahlen auch langsame Spaziergänge. Einer der damaligen
Kurärzte namens Tappeiner ließ auf eigene Kosten eine wunderschöne Promenade
anlegen, die langsam den Küchelberg hinaufführte und so gemächlich bergan ging,
daß sie selbst Patienten mit leichten Herzbeschwerden empfohlen wurde.

Wenn im Herbst und Winter im größten Teil des habsburgischen Reiches das
Wetter kalt und deprimierend war, wartete Meran mit Sonnenschein und tief-
blauem Himmel auf, wie auf einem Gemälde von Paolo Veronese (Verona liegt nur
zwei Fahrstunden entfernt). Die Luft war samten und roch nach den in den Kellern
eingelagerten Äpfeln. Es gab Obst- und Weingärten, Zedern, Zypressen und im
Hintergrund die majestätische Kulisse der schneebedeckten Berggipfel. Es sind die
gleichen Berge, die Meran vor den kalten Winden schützen. Das untere Etschtal
erstreckt sich in nord-südlicher Richtung und nicht wie die meisten Alpentäler von
Westen nach Osten. Diese geographische Besonderheit bietet eine angenehm
geschützte Lage. Die Brennerbahn und die Straßen, die Nord- und Südeuropa verbinden, führen über das 25 Kilometer entfernte Bozen und bedeuten somit keine
Störung für die beschauliche Ruhe Merans. Im Spätfrühling wird die weite Ebene
zwischen Bozen und Meran zu einem einzigen Blütenmeer, aus dem nur noch ver-
einzelt Kamine hervorschauen. Dieser Anblick und der zarte Duft sind unver-
gleichlich.

Es könnte ein Paradies sein, aber es gab Ärger im Paradies. Nach dem Friedensvertrag von Saint-Germain im Jahre 1919 mußte Österreich Südtirol an Italien
abtreten, und die Region hieß fortan Alto Adige. Meran, der einst südlichste Kurort

Österreich-Ungarns, wurde nun die nördlichste *stazione climatica* Italiens. Die Österreicher waren wegen des angenehmen Klimas und der Sonne nach Meran gekommen. Die Italiener, die im eigenen Land mehr als genug Sonne und Hitze haben, kommen, weil es im Sommer in Meran erträglich kühl ist und im Herbst himmlisch warm.

Aus welcher Richtung Sie auch immer anreisen – über den Brenner aus dem Norden, von Venedig und Verona aus dem Süden oder von St. Moritz aus dem Westen – immer wird Sie eine märchenhafte, urtümliche Landschaft mit zahllosen alten Burgen und Kirchen erwarten. Von allen in diesem Buch beschriebenen Kurorten hat Meran (oder Merano, wie die Italiener es jetzt nennen) wahrscheinlich die älteste Geschichte. Mann kann sie bis auf das Jahr 2000 v. Chr. zurückverfolgen. Kein anderer europäischer Kurort kann da mithalten. Den Römern gefiel es in dem Gebiet, das für sie zu Raetia Secunda zählte. Sie pflanzten die ersten Rebstöcke nach der Methode, die Plinius der Ältere beschrieben hatte, und bauten Steintürme für ihre Leuchtfeuer, und zwar in solchen Abständen, daß man von einem Turm aus immer den nächsten sehen konnte. Auch die Dorfnamen gehen auf die Römerzeit zurück: Riffan, Sirmian, Schenna und Prissian.

Aber auch die ersten Christen fanden an dieser Gegend Gefallen. Das Grab des Heiligen Valentin liegt in einer Kirche in der Nähe der romanischen Zenoburg, die ich von meinem Balkon aus sehen kann. Im Jahre 716 kam der Heilige Korbinian aus Rom und pflanzte Obstbäume „cum magno affectu", mit viel Liebe, wie sein Biograph und Bewunderer schreibt. Meran ist urkundlich erstmals in einem von König Ludwig dem Kind im Jahre 875 unterzeichneten Dokument erwähnt. Im Jahre 1237 war Meran bereits Markt geworden und 1317 schließlich zur Stadt erhoben worden.

Es gehörte bei den mittelalterlichen Rittern und Bischöfen zum guten Ton, ein Schloß in der Nähe von Meran zu besitzen. Kaiser und Päpste, Feldherren und Kreuzfahrer gönnten sich dort etwas Ruhe, und einige von ihnen vervollständigten ihr Glück dadurch, daß sie ehrbare Damen auf ihre Besitzungen einluden, die aber oftmals den mannigfaltigen Versuchungen nicht widerstehen konnten – dem Sonnenschein, dem Wein, dem Blütenduft –, aber das kann ja auch ein Gerücht sein.

Das berühmteste Schloß ist das Schloß Tirol oberhalb von Meran, das der ganzen Gegend seinen Namen gab. Dante Alighieri war einmal in dem Schloß, das aus dem 11. Jahrhundert stammt, zu Gast. Eine Inschrift auf einer Marmorplatte an einem romanischen Turm erinnert an diese Begebenheit. (Ein großer Bewunderer Dantes, der amerikanische Dichter Ezra Pound, bewohnte nach 1958 mehrere Jahre die nahegelegene Brunnenburg.) Margarete Maultasch, die Tochter des Grafen von Tirol, lebte auf dem Schloß. Sie war häßlich wie die Nacht. (Sir John Tenniel diente sie als Modell für die häßliche Herzogin, als er Alice im Wunderland illustrierte.) Aber die häßliche Herzogin machte sich nichts aus ihrem Aussehen und überraschte die höfische Gesellschaft im Europa des 14. Jahrhunderts mit skandalösen Liebesaffären. Im Jahre 1363 übergab Margarete die Grafschaft Tirol an die Habsburger. Eine Zeitlang war Meran dann Hauptstadt von Tirol. Im Jahre 1420 verlegte Erzherzog Friedrich IV. seinen Hof nach Innsbruck in Nordtirol, das bis heute die

Hauptstadt des österreichischen Tirol geblieben ist. Die Hauptstadt der Region Alto Adige (offiziell gibt es kein Südtirol mehr) ist Trient (Trento).

Wenn einem vornehmen Ritter das höfische Leben zu langweilig wurde, begab er sich nach Meran, damals eine Stadt von beschaulicher Ruhe mit vier Stadttoren; es gab keinen anderen Weg als diese Tore, um in die Stadt zu gelangen. Zum Leidwesen der zahllosen Autofahrer, die sich während der Saison hindurchzwängen müssen, existieren drei dieser Tore heute noch. Und die Saison ist lang und wird immer länger – leider, muß ich sagen.

Die Reformation und die Gegenreformation verschonten Meran, und niemand mußte sein Leben auf dem Scheiterhaufen lassen. Auch die Renaissance im nahen Florenz, der Barock und das Rokoko ließen Meran unberührt. Die alten Gebäude sind fast ausnahmslos gotisch. Während der napoleonischen Kriege wurde Andreas Hofer aus dem benachbarten Passeiertal der Nationalheld in beiden Teilen Tirols. Er wurde in Mantua standrechtlich erschossen und wird heute als Märtyrer verehrt.

Ich habe bereits die Traubenkur erwähnt, die laut Information aus einem Reiseführer sowohl Kranken mit vielerlei Beschwerden als auch Gesunden empfohlen wird. Eine ideale Kur. Die alten Bücher zitieren Herodot, Hippokrates, Plinius und Paracelsus, die sich lobend darüber geäußert haben. Ich persönlich ziehe die Kur in flüssiger Form vor. Die Einheimischen essen keine Trauben. Sie genießen lieber den Wein aus den am Küchelberg gereiften Trauben, und so mancher Ortsansässige erfreut sich bester Gesundheit bis ins hohe Alter. Manche Leute trinken täglich bis

links: Manche der zahlreichen Burgen in dieser Gegend stammen noch aus der Römerzeit. Im Bild Schloß Castelbel, vermutlich im Mittelalter erbaut, in der Nähe von Meran.

unten: Eine alte Darstellung von Meran, den umliegenden Schlössern, den Obstplantagen und Weinbergen.

Meran.

22.	Spital zum H. Geyſt.	31.	Schloß Stabein.
23.	Schloß Prüneburg.	32.	Schloß Winckel.
24.	Schloß Thürnſtein.	33.	Khüelberg
25.	Thürn Gralschberg.	34.	Rundeg
26.	Schloß Gargen.	35.	Pflantenſtein
27.	Schloß Labers.	36.	Pfarkirch auff Tyrol.
28.	Schloß Schena.	37.	S. Gearg in ober maiſt.
29.	Schloß Greiffen.	38.	Anſitz Maur.
30.	Schloß Staineg.	39.	Prigel. 40. Weingarten.
		41.	Algunder Pfarr.

zu vier Liter. Man trifft sich unter den Lauben, den alten Arkaden, wo die meisten Weinstuben zu finden sind. Häufig sieht man die traditionelle dunkelblaue Winzerschürze, auch bei Leuten, die noch nie einen Rebstock besessen haben. Ihre Gesichter spiegeln die Farben der Weine dieser Gegend wider, des heimischen Küchelberger, oder die des Kalterersee, Lagreiner, Santa Maddalena oder Sandbichler. Auch der Weißwein, der Terlaner (nach dem Ort Terlan benannt), schmeckt gut. Diese Weine werden in ganz Österreich und Deutschland in großen Mengen verkauft, oft gräßlich mit allem Möglichen gepanscht. In Meran selbst bekommt man reine und unverfälschte Weine, und sie waren auch immer sehr preiswert. Mineralwasser ist teurer.

Heute ist Meran wegen der Lotteria di Merano, dem größten Pferderennen im ganzen Land, berühmt, das im Herbst auf der Meraner Rennbahn ausgetragen wird, die zu den schönsten Europas zählt. Um diese Zeit sind die Busse mit den Touristen schon wieder abgefahren und die Professoren im Ruhestand nebst braungebrannten Gattinnen aus dem Straßenbild verschwunden. Für kurze Zeit beherrschen kleinwüchsige italienische Jockeys und Damon Runyon-Typen die Szene, zusammen mit bekannten Persönlichkeiten der italienischen *dolce vita*. Schließlich reisen auch sie wieder ab, und zurück bleiben die blaubeschürzten Weintrinker. Wenn Meran wieder den Meranern gehört, ist der beste Zeitpunkt gekommen, der

Pferderennen in Meran. Hier wird mit höchsten Einsätzen gespielt. Die Rennbahn soll eine der schönsten in Europa sein.

Stadt einen Besuch abzustatten. Auch wenn die Tage dann schon kurz sind, zeigt gerade in dieser Zeit − Ende Oktober, Anfang November − der Himmel manchmal sein intensivstes Blau. Die Promenaden und Spazierwege liegen ruhig und verlassen da, und die Stadt erinnert an vergangene Zeiten.

Fast. Meran hat sich seit den Tagen vor dem Ersten Weltkrieg verändert. Häßliche moderne Gebäude wurden aus dem Boden gestampft. Ich werde nie begreifen, wie Architekten aus dem Land der vornehmen Paläste solch unansehliche Gebilde aufstellen können. Es gibt zu viele Autos in der Stadt, die noch dazu viel zu schnell fahren. Einige Reiche aus den Nachbarländern haben ganze Stadtbezirke besetzt und wohnen in teuren Apartmenthäusern mit Swimming-pool, Sauna und Solarien. Das gehört zum Fortschritt und läßt sich nicht mehr wegdenken. Aber die Dinge, auf die es wirklich ankommt, haben sich nicht verändert − die wundervollen Gärten und Blumen, die seltenen Baum-Arten und die gepflegten Promenaden, die 64 km Wanderwege. Die Kurverwaltung beschäftigt heute 40 Gärtner. Im Vorort Obermais (Maia Alta) kann man immer noch unter Arkaden aus Weinstöcken spazierengehen. Ende August hängen die dunklen Trauben daran wie rote Kristallleuchter. Die Luft vibriert, und die Hügel und Palmen sind von einem blauen Dunstschleier umgeben, der ihnen ein impressionistisches Aussehen verleiht. In solchen Augenblicken fühlt man sich in eine andere Welt versetzt.

Für Meran ist es ein wahrer Segen (hier wird sicherlich so mancher Leser protestieren), daß es keinen Flughafen hat. Um den nächsten Jumbo Jet zu erreichen, muß man sich schon nach Mailand oder nach München bemühen − beide Orte sind ca. 320 Kilometer entfernt. Es gibt jedoch gute Zugverbindungen, und vom Eisenbahnwaggon aus kann man auch ungestört die schöne Landschaft genießen. Der Gardasee, Verona, St. Moritz und die Dolomiten liegen praktisch vor der Tür. Bis zum 2400 m hohen Stilfserjoch sind es nur knappe 80 Kilometer. Da es dort selbst im August häufig schneit, wird die Gegend mehr und mehr zum Dorado für das Sommer-Skitraining. Die Grenze zur Schweiz ist nah. Nach einem kurzen Besuch kann man ohne weiteres in zwei Stunden wieder zurück sein und unter Palmen im Swimmingpool baden.

Die Dolomiten sind bizarre, faszinierende Berge, und von Bozen führt eine traumhaft schöne Straße über Cortina d'Ampezzo nach Dobiacco; sie wurde im Jahr 1709 als Teil der Strada d'Allemagna zwischen Nordeuropa und Venedig fertiggestellt und führt 140 km durch eine zauberhafte Landschaft, umrahmt von steil aufragenden Kalksteinfelsen. Der Monte Cristallo, über 3000 m hoch, der Cime di Lavaredo, ein Paradies für waghalsige Kletterer, die Marmolata, der höchste Berg der Gegend, wo man das ganze Jahr über Skifahren kann, Val Gardena mit seinen 40 Skiliften und Seilbahnen und nicht zuletzt Ortisei, der berühmte Holzschnitzerort, sind in erreichbarer Nähe. In türkisfarbenen Seen wie dem Lago di Carezza oder dem Lago di Misurina spiegeln sich die hohen Berge wider. Das berühmte Alpenglühen taucht die Berggipfel bei Sonnenaufgang und -untergang in intensives Rosa. Dies ist die Heimat der Legenden und Märchen, die Heimat des Zwergenkönigs Laurin, seines Gartens und seiner Rosen. Zwei große Minnesänger, Walther von der Vogelweide und Oswald von Wolkenstein, wurden hier geboren. Eine Marmortafel an einem kleinen Bauernhaus in Pieve di Cadore in der Nähe von Cor-

Eine alte Fotografie der Stadt
Meran am Fuße der Dolomiten.

tina erinnert daran, daß im Jahre 1477 Tizian dort geboren wurde. Er, der einer der berühmtesten Maler werden sollte, kehrte oft in seine Gebirgsheimat zurück. Er wurde 99 Jahre alt.

Was auch immer Sie sich von all dem anschauen wollen, am Abend können Sie wieder in Meran sein. Das ist für einen Kurort ein einmaliger Vorzug.

Meran hat immer schon Dichter und Exzentriker angezogen. Vom Balkon meines Hotelappartements kann ich auf ein niedriges Haus, die Pension Fanny, schauen, das früher der berühmten Wiener Tänzerin Fanny Elssler gehörte, die im Jahr 1840 in Washington und New York triumphale Erfolge feierte. Vor dem Ersten Weltkrieg verbrachte Franz Kafka einige Zeit in dieser Pension. Er war nach einer schmerzlichen Liebesaffäre krank und unglücklich und versuchte hier Vergessen und Genesung zu finden. An diesem Haus findet sich keine Marmortafel.

Ich erinnere mich an einen alten russischen Emigranten. Er hatte in einem zaristischen Reiseführer gelesen, daß es einmal eine Dampfschiffverbindung zwischen Meran und Venedig gegeben haben soll. Nun wollte er die „geheime Wasserstraße" finden. Ein anderer Sonderling sammelte ausgestopfte Hunde, weil er einmal gehört hatte, daß die Leute oft Geld und Goldmünzen in ausgestopften Hunden versteckten. Der österreichische Schriftsteller, Dramatiker und Künstler Fritz Herzmanovsky-Orlando, ebenfalls ein echter Exzentriker, lebte hoch oben in einem Turm von Schloß Rametz. Er trug ständig seine beweglichen Vermögenswerte mit sich herum — eine Handvoll Goldmünzen, die in seinen Hosentaschen klimperten. Er hatte schlechte Erfahrungen mit Banken gemacht, und die Münzen gaben ihm ein Gefühl der Unabhängigkeit. Er starb im Jahr 1954, ist jedoch über seinen Tod hinaus wegen seiner eigenartigen Chroniken und seiner Satiren auf die Habsburgermonarchie bekannt geblieben. Sein Meisterwerk „Der Gaulschreck" handelt von einem ehrbaren Hofbeamten, der „Seiner Majestät", wahrscheinlich Franz I., zum fünfundzwanzigsten Regierungsjubiläum ein Bildnis aus 25 Milchzähnen schenken will. Das Buch beschreibt die unwahrscheinlichen Bemühungen des Hofbeamten, den 25. Zahn aufzutreiben.

Man findet in Meran heitere Espresso-Bars, wo sich Italiener zu Kaffee, Gelächter und *conversazione* treffen, und Alt-Wiener Kaffeehäuser, in denen pensionierte „alt-österreichische" Beamte mit bekümmerter Miene ihre Innsbrucker oder Wiener Zeitung lesen. Diese beiden verschiedenen Welten sind säuberlich voneinander getrennt. Einige wenige alt-österreichische Aristokraten wohnen in vornehmer Armut in heruntergekommenen Häusern gleich neben Luxus-Bungalows in amerikanischem Stil, die gutbetuchten Deutschen gehören. Tiroler und Italiener sprechen verschiedene Sprachen, sie haben eine unterschiedliche Kultur und ihre eigenen Buchläden, Delikatessengeschäfte, Restaurants, Kinos, Eiscafés und Friseure. Aber schon sieht man junge Leute beider Volksgruppen Hand in Hand durch die Straßen schlendern, und natürlich wird auch schon untereinander geheiratet: *omnia vincit amor*.

Es hat in den letzten fünfzig oder sechzig Jahren viele Probleme meist politischer Natur gegeben. Die gibt es immer, wenn ein Gebiet plötzlich zu einem anderen Land gehört. Die deutschsprachigen Tiroler wollten von Italien nichts wissen und

Österreicher, Deutsche oder einfach unabhängig werden. Lange Zeit war die Ruhe in diesem Paradies gestört durch die Marschschritte von Soldaten, durch explodierende Bomben und zerstörte Elektrizitätswerke. Aber allmählich hat sich die Situation zum Besseren gewendet. Auf beiden Seiten gibt es Leute, die Meran-Merano als Experiment für gegenseitige Toleranz und internationales Zusammenleben betrachten, eine gute Mischung aus österreichischem Charme und italienischer Leichtlebigkeit. Vielleicht war das alte Meran nobler, im heutigen Meran hat man jedenfalls mehr Spaß. Die alten Leute haben sich den Sinn für Ordnung bewahrt; die jüngere Generation liebt *totocalcio,* das Fußballtoto, Lärm und Gelächter.

Die Mischung scheint sich zu vertragen. Die *pasta* und die *trippa* schmecken genauso gut wie weiter südlich, hier jedoch muß das Tischtuch makellos sauber sein. Seit einigen Jahren beginnen die Italiener, dieses Gebiet plötzlich für sich zu entdecken. Italiener verlassen die Heimat in den Ferien nicht gerne; sie genießen das Flair eines fremden Landes gerne innerhalb der Grenzen ihrer Heimat. Sie fahren nach Aosta, wo der französische Einfluß stark zu spüren ist, wo man aber immer noch Spaghetti bestellen kann, wenn man von Pommes frites nicht so begeistert ist. Und sie fahren nach Meran, um sich Gulasch und Wiener Schnitzel ebenso munden zu lassen wie die einheimische Spezialität, den Bauernspeck, den die Bergbauern

Die Gartenanlagen vor dem Kasino. Hier gedeihen auch Zedern und Palmen.

über Buchenholz räuchern. Er wird hauchdünn aufgeschnitten (wenn auch nicht ganz so dünn wie italienischer *prosciutto*) und ist ein idealer Ausgleich bei übermäßigem Weingenuß.

Vielleicht war es mehr als ein Symbol, daß die Statue der Kaiserin Elisabeth, die man an einen Ort verbannt hatte, wo sie keiner sehen konnte, wieder, von Blumenbeeten umgeben, in den Grünanlagen an der Passer steht. Ein heimlicher Verehrer steckt ihr oft Blumen in die marmornen Hände, und es scheint, daß diese Geste niemanden stört. Leute von beiden Seiten stellen übereinstimmend fest, daß dies vor zehn Jahren noch undenkbar gewesen wäre. Heute ist es möglich.

Im Jahr 1958 wurde schließlich eine Kurdirektion eingerichtet. Geologen hatten heiße radioaktive Quellen in der Erde entdeckt, und man setzt heute die Kurwirkung der Meraner Quellen der von Bad Gastein gleich. Mehrere Hotels haben sich nachträglich Einrichtungen für Kuranwendungen einbauen lassen, und jedermann kann sich im Kurmittelhaus entsprechend behandeln lassen. Nun haben Experten auch eine Erklärung für das milde Klima in Meran gefunden: es sind natürlich die heißen Quellen. Optimisten erträumen sich Meran als Kurzentrum, als Sommer- und Wintererholungsort (es gibt bereits das „Meran 2000" in 2000 m Höhe für die Wintersportanhänger), als Kongreßzentrum und als ganzjährig geöffnetes Kurbad. Das 1912 im Jugendstil erbaute Kurhaus wurde renoviert und ist heute vielbesucht wegen der Konzerte des Kurorchesters. Und das alte Stadttheater, das jahrelang als Kino diente, ist restauriert und wieder seiner ursprünglichen Bestimmung zugeführt worden.

Die *International Herald Tribune* kommt hier mit einem Tag Verspätung an – schlechte Nachrichten sind also nicht mehr ganz so aktuell. Man kann Fernsehprogramme aus vier Ländern empfangen: Italien, Österreich, Schweiz und Deutschland. Meran ist ein Paradies geblieben, vielleicht kein sehr vollkommenes, aber ich habe auch noch kein vollkommeneres gefunden. Neulich las ich, was Goethe, der hier so häufig wie die Bibel zitiert wird, über dieses Gebiet geschrieben hat, das er auf seiner Italienreise besuchte: „Alles, was auf den höheren Gebirgen zu vegetieren versucht, hat hier schon mehr Kraft und Leben, die Sonne scheint heiß, und man glaubt wieder einmal an einen Gott". Das war für Goethe ein ungewöhnliches Zugeständnis, aber er hatte recht.

Der Plattensee

1055 wurde von König András I.
von Ungarn eine Benediktinerabtei auf der Halbinsel Tihany
gegründet. Die abgebildete
Barockkirche steht heute über
der dort ursprünglich erbauten
romanischen Kapelle.

Der Plattensee, in zweistündiger Fahrt von Budapest aus zu erreichen, ist mit seinen siebenundsiebzig Kilometern Länge und vier bis vierzehn Kilometern Breite der größte Binnensee Mitteleuropas. Früher war Balatonfüred für die Ungarn das, was Bad Gastein und Bad Ischl für die Österreicher bedeuteten. Die Ungarn sind ein fröhliches Volk, und es gibt viele weitgereiste Leute, die sagen, daß Balatonfüred der schönste Kurort auf der ganzen Welt sei. „Füred" ist das ungarische Wort für „Bad", „Balaton" ist der ungarische Name für den Plattensee.

Balatonfüred hatte wirklich alles: wunderschöne Parks, herrliche Spazierwege unter alten Bäumen, ein ausgezeichnetes Klima und an Mineralien reiche Thermalquellen. Ärzte in Ungarn und Österreich schickten ihre herzkranken Patienten an den Plattensee. Es gab ein großes Bädersanatorium, das eher einem Luxushotel glich und wo alle Anwendungen geboten wurden. Aber die Hauptattraktion am Plattensee ist und bleibt die Atmosphäre. In Balatonfüred kann man Urlaub und Kurlaub miteinander verbinden. Das Sanatorium – jetzt ein staatliches Krankenhaus – ist weltbekannt und kann jederzeit mit weltberühmten Namen glänzen. Rabindranath Tagore unterzog sich hier einer Kur und fühlte sich danach so wohl, daß er an Ort und Stelle einen Baum pflanzte. Wenige Jahre später entdeckte der Prinz von Wales Ungarn, bevor er Edward VIII. und Herzog von Windsor wurde, und die Engländer entdeckten Budapest und die Schönheit des Plattensees. Die jungen Ungarn begannen die Kleidung des Prinzen nachzuahmen; vor allem das Schottenkaro hatte es ihnen angetan, das der Prinz so liebte. Der Prinz seinerseits hatte eine Schwäche für einen berühmten Zigeunerprimás, Jenö Pertis; wenn der Prinz und seine Freunde sich am Plattensee aufhielten, war natürlich auch Pertis mit seinem Orchester zur Stelle.

Für die Ungarn ist ihr wunderschöner See eine Kombination aus Lido, Genfersee und Mittelmeer: eine Sommerfrische ohne bestimmte Saison, wo die 2000 Sonnenstunden im Jahr nicht nur im Prospekt stehen, wo es keine Umweltverschmutzung gibt, wo Angler reichlich auf ihre Kosten kommen und alle Sportarten ausgeübt werden können. Es bieten sich ausgezeichnete Möglichkeiten zum Schwimmen, dem Volkssport der Ungarn, und es werden internationale Segelregatten veranstaltet. Die weniger Sportlichen treffen sich beim Tanz und beim Fünfuhrtee, bei Zigeunerweisen oder in einer der hübschen Konditoreien. Balatonfüred ist stolz auf seine Geschichte und auf seine Klostergruft aus dem 11. Jahrhundert. In unmittelbarer Nähe liegt Székesfehérvár, eine römische Gründung und besser bekannt unter dem Namen Alba Regia, wo bei Ausgrabungsarbeiten Ruinen aus der Zeit Kaiser Hadrians freigelegt worden sind. Ebenfalls nicht weit entfernt ist die Halbinsel Tihany, auf der es einen Nationalpark, Lavendelfelder und seltene Vogelarten gibt. Irgendwo habe ich gelesen, daß man hier über achthundert verschiedene Schmetterlingsarten gezählt hat. Oben auf dem Hügel steht eine alte Benediktinerabtei, und die Hütten haben noch ihre alten, strohbedeckten Dächer. Die gelbe Barockkirche wurde über einer noch existierenden romanischen Kapelle aus dem Jahre 1055 erbaut. Sie ist, wie im Barock üblich, überreich mit Gold verziert. Nur die Krypta ist nüchtern und weist schmucklose Steinsäulen auf. Hier liegt König András I. begraben. Er stammte aus der Arpad-Dynastie, die im neunten Jahrhundert in das damals Pannonien genannte Land kam. Den Leuten gefiel es dort, was nicht weiter verwunderlich ist. Schon damals war es ein gesegnetes Stück Land. Sie genossen das Klima und den Wein, den die Römer angebaut hatten.

Wenn wir über den Plattensee sprechen, muß auch ein Wörtchen über seine Fische gesagt werden. Die staatliche ungarische Fischereibehörde stockt den Fischbestand jedes Jahr auf, und inzwischen sind in den tiefblauen Fluten mehr als fünfzig Fischarten beheimatet. Der wohlschmeckendste ist der Fogosch, ein hechtähnlicher Fisch, der − entgegen anderslautenden Behauptungen − nur im Plattensee vorkommt. Ein großer Fogosch, in einer einfachen Brühe gekocht, ist eine außerordentliche Delikatesse. Ein kleineres Exemplar, das aber nicht mehr als zwei Pfund wiegt, heißt *süllö* und ist eine köstliche ungarische Spezialität. Im Sommer und im Frühherbst setzen alle besseren Restaurants gegrillten *süllö* auf die Speisekarte.

Wissenschaftler haben lange Zeit darüber diskutiert, ob der Plattensee-Fogosch eine eigene Fischart oder ob er mit dem Lachs verwandt ist. Jetzt hat man sich darauf geeinigt, daß der Fogosch nur im Plattensee vorkommt und weder mit dem französischen *sandre* noch mit dem deutschen Zander verwandt ist. Das Fischfleisch ist reinweiß und sein Geschmack mit dem eines jungen Hähnchens vergleichbar. Der Rücken ist grau und weist dunkle Streifen auf, die Bauchseite ist silbrig. Seine Nahrung besteht ausschließlich aus kleineren Fischen mit weißem Fleisch. Während der Laichzeit im April und Mai legt ein Fogoschweibchen etwa 40000 Eier, aber nur weniger als ein Drittel davon wird ausschlüpfen. Zu Beginn des 19. Jahrhunderts gab es viel dummes Geschwätz um eine Trockenlegung des Plattensees. Der ungarische Schriftsteller und Patriot István Széchenyi schrieb in „Dampfschifffahrt auf dem Plattensee": „Wenn man wirklich daran gehen würde, diesen Plan in die Tat umzusetzen, wäre er allein schon deshalb ein Verbrechen, weil man damit

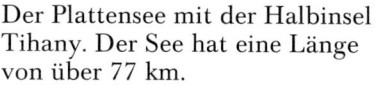

Der Plattensee mit der Halbinsel Tihany. Der See hat eine Länge von über 77 km.

den ungarischsten aller Fische, den König der Süßwasserfische, seines Lebensraumes beraubte. Dies allein ist Grund genug, den Plattensee nicht wie ein modernes Karthago von der Landkarte zu streichen". Und er wurde nicht von der Landkarte gestrichen.

Der häufigste Fisch im Plattensee ist der *ponty,* der Karpfen, den die Ungarn auf so verschiedenartige Weise zuzubereiten verstehen und den sie gerne für ihr *halászlé,* ein rotes, mit Paprika gewürztes Fischgulasch, verwenden. Die Fischer in Tihany oder Badacsony kochen ihre „Fischersuppe" in einem *bogrács,* einem Kessel mit rundem Boden, den man im Donaubecken schon seit Jahrhunderten benützt. Die Beliebtheit des echten *halászlé* beruht auf der Mannigfaltigkeit der verwendeten Fischarten. Optimisten vergleichen dieses Gericht mit der Bouillabaisse aus dem Mittelmeerraum, aber die berühmte Marseiller Fischsuppe wird mit Meeresfischen gemacht und mit Safran gewürzt, während *halászlé* aus Süßwasserfischen zubereitet wird und die rote Farbe des Paprika hat, der in der Nähe von Szeged wächst.

Der Plattensee liegt in einem gastronomisch vielseitigen und klimatisch milden Landstrich. Manchmal blühen hier schon im Dezember die Blumen. Die Gegend ist auch für ihre Weine berühmt, die die Einheimischen „rund" nennen, wenn sie leicht und angenehm zu trinken sind, und „lang", wenn sie feurig sind. An der Nordküste des Sees gedeihen einige ausgezeichnete Weinsorten. Der Plattensee ist vulkanischen Ursprungs, und die römischen Legionen bauten hier im dritten Jahrhundert nach Christus unter der Herrschaft des Kaisers Probus Rebstöcke an. Der lavahaltige Boden und die starke Sonne, die gemeinsam auf die Weinstöcke einwirken, geben den Trauben den charakteristischen Geschmack, der die Plattenseeweine in Ungarn so beliebt gemacht hat. Sie sind weiß und fruchtig und werden aus der Rieslingtraube gekeltert. Die gute Weingegend beginnt im Bezir Csopak, einige Kilometer oberhalb von Balatonfüred, wo die Erde rot und fruchtbar ist. Der beste Wein dieser Region ist der Badacsonyi Kéknyelü, aber er ist schwer zu bekommen, da er qualitativ sehr hochwertig ist und nicht in großen Mengen angebaut wird. Es ist ein grünlich-weißer Wein mit viel Körper und Bouquet.

Ein weiterer guter Wein ist der Szürkebarát, in Frankreich als Pinot Gris bekannt, der dort zur Champagnerherstellung verwendet wird. In Ungarn ist die Badacsony-Variante goldfarben und sehr vollmundig, aber auch nicht ausgesprochen süß. Sehr beliebt ist auch der Csopaki Rizling (so schreiben die Ungarn Riesling), der in vielen *Csárdas* zum Grillfleisch serviert wird. Ein *Csárda* ist im allgemeinen als Tanz bekannt, man bezeichnet mit *Csárda* aber auch einen einfachen Gasthof, wo man sich zu einem Glas Wein und zum Essen bei Zigeunerklängen trifft.

In dieser Gegend hört man auch noch alte Geschichten und Legenden. Ein großer Dichter, Sándor Kisfaludy, wohnte einst auf dem mit Weingärten bepflanzten Hügel oberhalb des Dorfes Badacsony. Heute ist sein Haus ein Restaurant: Man gelangt auf einer engen Straße, die sich durch die Weingärten windet, dort hinauf. Oben sitzt man von Rebstöcken umgeben und hört vom Dorf herauf die Klänge der Geigen. In einer kleinen Siedlung nahe dem Bahnhof steht ein einfaches Haus, in dem der bekannte Plattenseer Maler Egry József gelebt hat. Er starb in den 50er Jahren. Er begann als Impressionist, malte aber später den Plattensee so, wie er, und nur er, ihn sah.

Wenn Ihnen Balatonfüred nicht zusagen sollte, was unwahrscheinlich ist, dann gibt es − gar nicht weit davon entfernt − den Kurort Héviz, der für seine Thermalquellen berühmt ist. Das milchige Wasser ist auch im Winter warm; es soll vulkanischen Ursprungs sein und bei rheumatischen Beschwerden helfen. Auf einem Hügel in der Nähe steht ein schönes Hotel, das Palatinus. Die Thermalquellen werden zu dem Hotel geleitet, in dem sämtliche Kuranwendungen geboten werden. Auch hier finden wir in der Architektur den *fin de siècle*-Zauber; ein englischer Gast wird sich an Brighton erinnert fühlen (wenn Brighton doch auch so viel Sonnenschein hätte!) Die Badeanlagen sind auf Pfählen in den See gebaut. Es gibt Leute, und das sind nicht nur Ungarn, die auf das blaue Meer verzichten und es jederzeit gegen den Plattensee mit seinem Wein, dem guten Essen und dem unwiderstehlichen ungarischen Charme eintauschen würden. Am Plattensee kann man fast vergessen, daß man sich in der Volksrepublik Ungarn befindet.

Die Thermalquellen von Héviz auf der Südseite des Plattensees. Die Badehäuser erstrecken sich als Pfahlbauten weit in den See hinaus.

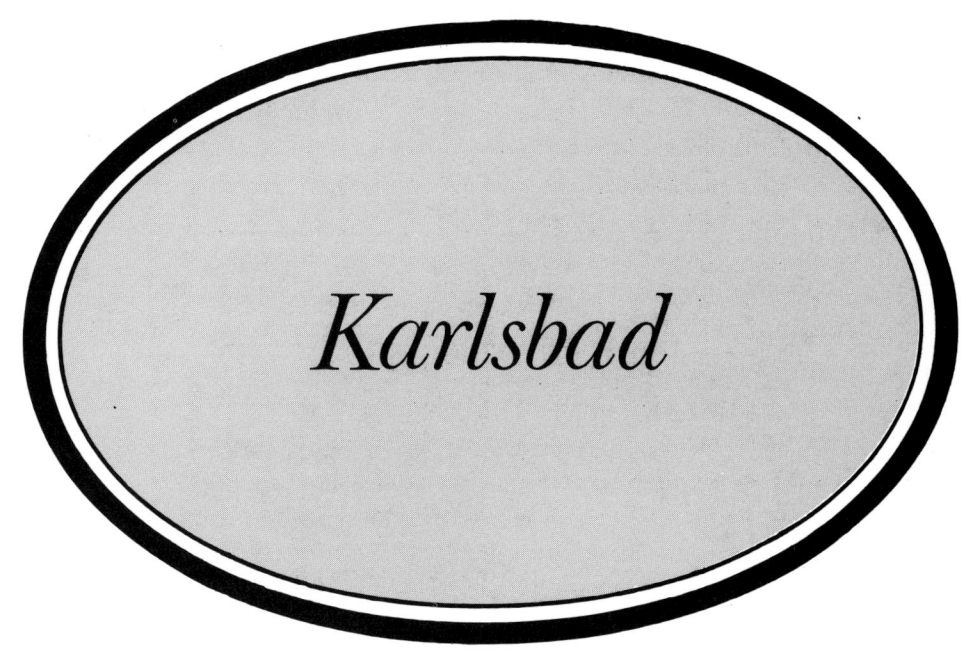

Karlsbad

Ein Gruppenbild von Kurgästen
in Karlsbad, aufgenommen
um 1870.

Die Gäste, die heutzutage Karlsbad besuchen, kann man in zwei Kategorien einteilen. Zunächst in solche, die noch nie dort gewesen sind und in dem berühmten Badeort Karlovy Vary, heute tschechisches Staatsgebiet, ganz einfach ihre Leiden auskurieren möchten. Das ist der weitaus größte Teil der Gäste. Die Kur ist bekanntlich außerordentlich wirksam und der Patient fühlt sich danach entschieden besser.

Die andere Besucherkategorie ist zahlenmäßig wesentlich kleiner: Es sind dies die Verehrer Karlsbads, die schon früher hierher kamen und der Stadt treu blieben. „Früher" bedeutet in diesem Fall wohl vor den beiden Weltkriegen, als Karlsbad einer der schönsten und ältesten Badeorte der Welt war. Wehmütige Erinnerungen erfüllen diejenigen, die es miterlebt haben.

Einer alten Legende zufolge wurde Karlsbad nach Karl IV., Kaiser des Heiligen Römischen Reiches und König von Böhmen, benannt, der die heißen Quellen dort im Jahre 1347 während einer Jagd entdeckte. Heute glaubt keiner mehr an diese Geschichte. Das derzeitige Regime hat sowieso etwas gegen Legenden, vor allem, wenn ein Kaiser darin eine Rolle spielt. Aber es ist keine Legende, daß Karl IV. im Jahre 1348 die Prager Universität, meine ehrwürdige Alma Mater, gegründet und Peter Parler mit dem Bau der Karlsbrücke in Prag beauftragt hat. Sie führt, verziert mit barocken Heiligenstatuen, über die Vltava (Moldau) und ist die schönste Steinbrücke der Welt. Wer sie einmal gesehen hat, wird diesen wundervollen Anblick nie mehr vergessen können.

Karlsbad ist wahrscheinlich viel älter, als die Legende erzählt. Die heißen Quellen, die bei Magen- und Darmstörungen Wunder wirken sollen, waren schon lange bekannt, bevor sie Karl IV. entdeckte. Die Karlsbader Kur gilt heute als die wirksamste in ganz Europa. Die moderne Medizin hat sich zur Ergänzung der Trinkkur noch ein halbes Dutzend anderer Prozeduren ausgedacht. Sie bestehen im wesentlichen aus Spaziergängen vor dem Frühstück und vor dem Abendessen und einigen Bechern Heilwasser. Zu Beginn des 18. Jahrhunderts mußten die armen Patienten bis zu fünfhundert Becher trinken und jeweils mehrere Stunden im Bad zubringen, damit die Krankheit durch die aufgeweichte Haut den Körper verlassen könne. Es gibt keine Statistik darüber, wie viele Leute diese Kurmethode überlebten. Friedrich Schiller war sehr krank, als er 1791 nach Karlsbad kam. Es wurden ihm 18 Becher pro Tag verordnet, die ihm aber offenbar nichts anhaben konnten, da er seinen anstrengenden Aufenthalt in Karlsbad um 14 Jahre überlebte.

In meiner Familie galt die Karlsbader Kur als Wunderkur für Leute, die gut, aber nicht gesund gelebt hatten. Nachdem man sich elf Monate lang all die leiblichen Genüsse hatte munden lassen, verbrachte man drei Wochen in Karlsbad, trank das schreckliche Wasser, nahm ab und hatte dann gerade die richtige Konstitution für die nächsten elf fetten Monate.

Ursprünglich war Karlsbad kein Ort für gewöhnliche Sterbliche. Seit den Tagen der römischen Kaiser trafen sich dort Kaiser und Könige und andere Persönlichkeiten von Bedeutung, eben Leute, die immer dazu verführt waren, zuviel zu essen und zu trinken. Albrecht von Wallenstein, der große Feldherr des Dreißigjährigen Kriegs, kam 1630 nach Karlsbad, um seine Gicht auszukurieren. Er zog mit fünfzig sechsspännigen Kutschen ein. Für den Fall, daß ihm die Diät zu streng werden sollte, hatte er fünfzehn Ochsen, neunzig junge Lämmer, dreiundsechzig Faß Bier und ebensoviel Weißwein mitgebracht. Er scheint es drei Wochen ausgehalten zu haben, dann konnte er zwar wieder gehen, wurde jedoch vier Jahre später im nahegelegenen Eger ermordet. Dies hat jedoch mit der Kurwirkung von Karlsbad nichts zu tun.

Peter der Große besuchte Karlsbad im Jahre 1711 und fand solchen Gefallen an der Kur, daß er im Jahr darauf wiederkam. Als Willkommensgeschenk bekam er ein Faß Rheinwein präsentiert, was seine Ärzte in arge Nöte versetzte. Aber der Zar hörte sowieso nicht auf ärztliche Ratschläge. Statt sich dem Zwang einer anstrengenden Kur zu unterwerfen, besuchte er lieber die Werkstätten der berühmten ortsansässigen Handwerker und ließ sich in der Kunst der Holzbearbeitung unterweisen. Er wollte immer lernen, wie man die Dinge herstellt. Sechs Jahre später kam Johann Sebastian Bach mit seinem Landesherrn, dem Herzog von Anhalt-Köthen, nach Karlsbad. Es gab offensichtlich niemanden von Rang und Namen, der nicht nach Karlsbad kam. Unter dem Buchstaben „B" in der Liste berühmter Besucher finden sich Beethoven, Marschall Blücher, Brahms und Bülow, um nur die bedeutendsten zu nennen.

Fürst Metternich stattete Karlsbad im Jahre 1819 einen Besuch ab, vier Jahre nach dem Wiener Kongreß, als er auf dem Höhepunkt seiner Macht stand. Er stieg im Weißen Löwen ab, und es ist auch kein Geheimnis, daß er nicht zur Kur kam. Zusammen mit Friedrich von Gentz führte er eine Reihe von geheimen Verhandlungen. Nicht einmal *Cotta's Allgemeine Zeitung* durfte darüber berichten. Die berühmt-berüchtigten Karlsbader Beschlüsse schränkten die Pressefreiheit erheblich ein, brachten die Universitäten unter strenge Kontrolle der Regierung und beschränkten damit die akademische Freiheit. Den exakten Wissenschaften wurde unbedingte Priorität über die philosophischen und kritischen Wissenschaften eingeräumt. Viele Chroniken über Karlsbad unterschlagen den Aufenthalt Metterhichs mit gutem Grund.

Ein weiterer bedeutender Gast war König Wilhelm von Preußen, der später deutscher Kaiser werden sollte. Im Jahre 1863 war es aber noch nicht so weit − im Gegenteil. Er reiste inkognito als Graf von Zollern. König Wilhelm wurde damals von Otto von Bismarck begleitet. Im darauffolgenden Jahr fanden sich die beiden wieder ein, und zu ihnen gesellte sich als dritter im Bunde Kaiser Franz Joseph I. Das Treffen stand jedoch unter keinem guten Stern. Zwei Jahre später standen sich Preußen und Österreich in Waffen gegenüber, und Österreich mußte bei Königgrätz eine Niederlage hinnehmen. Diese schicksalshaften Treffen finden in den Chroniken nur sehr selten Erwähnung.

Jahrhundertelang galt Karlsbad als „Adelsbad", aber nachdem Goethe dort einige Male abgestiegen war, kamen nach und nach auch nichtadelige Persönlichkeiten von Rang und Namen aus ganz Europa angereist. Goethe verbrachte dreizehn Sommer hier, fast zwei Lebensjahre. Er ist und bleibt der berühmteste Kurgast von Karlsbad. Die heiligen Hallen, in denen er abzusteigen pflegte, waren im Jahre 1795 der Grüne Papagei, das heutige Haus Madrid, und die Drei Mohren, heute das Haus Dagmar, wo er sechsmal abstieg. Sein erster Besuch galt Frau von Stein, das nächste Mal kam er wegen einer Kur, und bei seinem letzten Aufenthalt im Jahre

oben: Fürst Metternich, der mächtige österreichische Kanzler, besuchte Karlsbad im Jahre 1819. Er kam aber nicht wegen der Heilquellen, sondern um streng geheime politische Gespräche zu führen.

unten: Goethe, 1779 von May gemalt. Er verbrachte dreizehn Sommer in Karlsbad und war der berühmteste Kurgast des Ortes.

162

1823 im Haus Strauß war er Gast von Frau von Levetzow, deren Tochter Ulrike die letzte Liebe des Dichters war. Er stand im siebten Jahrzehnt, sie war gerade siebzehn.

Es gab kein Happy End, es gab überhaupt kein Ende, nur einen Anfang.

Dazwischen machte er eine Trinkkur und schrieb viele Gedichte. Seine Begeisterung für Karlsbad teilt er in einem bekannten Gedicht mit:

> Was ich dort gelebt, genossen,
> Was mir alldorther entsprossen,
> Welche Freude, welche Kenntnis,
> Wär ein allzulang Geständnis!
> Mög es jeden so erfreuen,
> die Erfahrenen, die Neuen!

So mancher Freund des Badeortes ist nicht sehr glücklich über dieses Gedicht, scheint doch die verborgene Aussage eher autobiographischen als balneologischen Charakter zu haben. Man erinnert sich unwillkürlich an einen Chronisten, der 1750 über den berühmten Gast schrieb, er sei nach Karlsbad gekommen, um die Herzen der einheimischen Frauen zu erobern. Bis zum Jahre 1811 brachte Goethe nie seine Frau nach Karlsbad mit, weil sie ihm möglicherweise nicht elegant genug für den Badeort war. An Wilhelm von Humboldt schrieb er einmal, Weimar, Karlsbad und Rom seien die einzigen Orte, wo er gerne leben wolle. Er schrieb Wunderschönes während seiner Aufenthalte in Karlsbad, und in einem unbeschwerten Augenblick schrieb er:

> Beim Baden ist die erste Pflicht,
> daß man sich nicht den Kopf zerbricht,
> Und daß man höchstens nur studiere,
> Wie man das lustigste Leben führe!

Viele Ärzte sind heutzutage mit Goethe ganz einer Meinung.

Der Dichter und Superdiplomat aus Weimar verstand es bestens, Leuten auszuweichen, denen er nicht begegnen wollte. Als er Karlsbad im Jahre 1819 besuchte, hatte er es so eingerichtet, daß Metternich drei Tage zuvor abgereist war. Nach außen hin bedauerte er es natürlich, den „gnädigen Herrn" verpaßt zu haben. Jahre zuvor hätte Goethe sich sehr gerne mit Beethoven getroffen, aber lange Zeit wurde nichts daraus. Beethoven hatte seinen Paß in Teplitz vergessen und wurde nun eine Weile von der Polizei in Karlsbad festgehalten. Er beschwichtigte alle mit einem Wohltätigkeitskonzert, das er am 6. August 1812 mit dem italienischen Geiger Johann Baptist Polledro gab. Das Programm (das noch existiert) beschreibt „eine große *Fantaisie,* zur Aufführung gebracht von Herrn von Beethofen". Beethoven stattete Karlsbad am 8. September noch einmal einen Besuch ab und traf dann auch endlich mit Goethe zusammen. Diese einzige Begegnung der beiden Genies verlief recht undramatisch. Goethe hielt sie in einer kurzen Tagebuchnotiz fest, die höchstens für Musikwissenschaftler und Literaturprofessoren von Bedeutung sein mag.

Nachdem Goethe und Beethoven in Karlsbad gewesen waren, strömten plötzlich Schriftsteller, Musiker und Künstler dorthin. Alle schienen plötzlich Leiden an sich zu entdecken, für die Karlsbad Heilung versprach. Aus den Reihen der Schriftsteller kamen Josef von Eichendorff, Adalbert Stifter, Theodor Fontane, Gerhart

Hauptmann, Turgenjew, Gogol und Tolstoi. Die Komponisten waren mit Schumann, Paganini, Wagner, Max Reger, Richard Strauß und Hans Pfitzner vertreten. Brahms, der an Leberkrebs litt, stieg 1896 im Haus Brüssel ab. Die Kur konnte ihm jedoch nicht mehr helfen; er starb sieben Monate später in Wien. Chopin begleitete seine Eltern nach Karlsbad. Dvořák kam fünfmal, aber nie als Patient, sondern um Aufführungen seiner Werke zu beaufsichtigen. Seine Musik hat in Karlsbad bis heute nichts von ihrer Beliebtheit eingebüßt. 1853 war Franz Liszt Kurgast in Karlsbad. Er wohnte mit einer Freundin, Caroline Herzogin von Sayn-Wittgenstein, im Weißen Löwen. Und daß Mozarts Sohn am Andreas-Friedhof begraben liegt, wußten nicht einmal die Vertreter der Musikwelt.

Auf dem Grabstein ist vom Sohn des großen Mozart die Rede, der seinem Vater in Statur und Geist ähnlich gewesen sei. Franz Grillparzer, der österreichische Dichter, hingegen war der Meinung, der Name des Vaters habe die Schaffenskraft des Sohnes im Keim erstickt, wie er im Jahre 1844 schrieb.

Karlsbads Belle Epoque fiel in die zweite Hälfte des neunzehnten Jahrhunderts, als Könige, Prinzen und Karl Marx die Reihe der illustren Gäste anführten. Der „Denker und Revolutionär" kam im Jahre 1874 und in den beiden darauffolgenden Jahren. Er wohnte im Hotel Germania, dem späteren Olympic-Palace Hotel, und stand unter polizeilicher Beobachtung. Es hieß jedoch in einem Bericht, daß Marx meist für sich blieb, selten mit anderen Gästen sprach und oft allein lange Spaziergänge unternahm. Im Jahr 1960 wurde in Karlsbad ein Marx-Museum eröffnet. Einem neueren Reiseführer zufolge, der die Atmosphäre zur Zeit von Marx recht kritisch betrachtet, waren Barrieren vor den Quellen errichtet worden, um die Kurgäste am Schubsen und Drängeln zu hindern. Die Patienten mußten sich anstellen und oft lange warten. Reiche Leute pflegten einen Dienstmann gegen Bezahlung für sich anstehen und die Becher füllen zu lassen. Die diensttuenden Polizisten achteten streng darauf, daß das Rauchverbot eingehalten wurde. Die Kurärzte hatten sich an der Kolonnade in der Nähe der Quellen postiert und waren von ihren Patienten umringt. Sie trugen vornehme schwarze Überzieher und wachten eifersüchtig darüber, ob wohl ein Kollege zahlreichere oder wohlhabendere Patienten um sich geschart hatte. Der Konkurrenzkampf war hart.

Heute herrscht zwischen den weißbekittelten Ärzten kein Konkurrenzkampf mehr, und es würde keinem einfallen, sich an den Quellen aufzustellen. Sie beziehen ihr Gehalt vom Staat, sitzen in ihren weißen Praxisräumen und behandeln etwa fünfundfünfzig Patienten pro Tag. Auf alten Fotos sieht man noch hübsche Mädchen in weißen gestärkten Kleidern und weißen Häubchen, die die Becher für die Kurgäste füllen. Die berühmteste Quelle war der „Sprudel" (heute heißt er *vřídlo*). Aus einer 13 m hohen Fontäne schossen 2000 Liter heißes Wasser (73°C) pro Minute, das siebzehn verschiedene Mineralien enthielt. Von den etwa 130 heißen Quellen des Kurortes werden heute ungefähr 16 genutzt, die meisten für Trinkkuren, die übrigen für Bäder und zum Abfüllen. Der Rest wird in den Fluß Teplá (Tepl) geleitet, dessen Name auf deutsch „warm" heißt. Die Quellen sind von unterschiedlicher Beschaffenheit, manche haben niedrigere Temperaturen als der „Sprudel".

Während der Nazi-Besatzung wurde der wunderschöne Pavillon aus Eisen und Glas im Jugendstil, der über dem Sprudel errichtet worden war, abgerissen, weil das Metall benötigt wurde. Heute steht an seiner Stelle ein neuer Pavillon mit strengen Linien, eine offensichtlich sowjetisch inspirierte Konstruktion aus Glas, Stahl und Marmor. Die Patienten füllen ihre Becher selbst; ich habe aber auch schon einen Marschall der Roten Armee gesehen, der seinen Adjutanten für sich Schlange stehen ließ. Die Kurärzte der früheren Zeit wurden von ihren Zunftkollegen meist etwas schief angesehen. Heute sind die Kurärzte von Karlovy Vary als ausgezeichnete Fachkräfte anerkannt und behandeln ihre Patienten mit großer Sorgfalt. Sie warnen sie eindringlich davor, mit dem Wasser eigene Experimente anzustellen, oder größere Mengen davon zu trinken, als ihnen verordnet wurde. Andernfalls würden zweifellos viele der Vorstellung „Je mehr desto besser" erliegen, zumal das Wasser nichts kostet.

Die Trinkkur ist nach wie vor der große Gleichmacher. Zwar bekommt man spezielle Kuranwendungen nur in bestimmten Badehäusern, und die politische Prominenz geht in das Bristol neben der russischen Kirche; dort wird man nicht vom „niederen Volk" gestört. Aber alle ohne Ausnahme müssen sich selbst zu den Quellen bemühen, schweigend auf und ab gehen und dabei das Wasser in kleinen Schlucken zu sich nehmen. Lautes Reden und Rauchen sind immer noch verboten. Die Quellen sind heute nicht mehr nach Mitgliedern des kaiserlichen Hofes benannt, sondern nach der tschechischen Prinzessin Libuše, Heldin einer Smetana-Oper, nach Rusalka, der Heldin einer Dvořák-Oper, nach Herzog Wenzeslaus (daß er als Heiliger verehrt wird, wird tunlichst übergangen); und natürlich gibt es eine „Freiheits"- und eine „Friedensquelle". Das Repertoire des Kurorchesters hingegen hat

Die berühmte heiße Quelle, der „Sprudel", heute „vřídlo" genannt, die 13 m hoch aus der Erde schießt. Im Bild der über der Quelle errichtete wunderschöne Pavillon, der während der Nazi-Besatzungszeit abgerissen wurde.

sich nicht geändert; es reicht von Bizets „L'Arlésienne" bis zu Johann Strauß-Walzern und Dvořáks „Slawischen Tänzen". Die Zahl der Zuhörer soll angeblich beträchtlich zurückgehen, wenn ausschließlich russische Komponisten auf dem Programm stehen.

Ein beliebter Zeitvertreib während des Trinkens und Auf-und-Ab-Gehens vor der Kolonnade besteht darin, die Nationalität anderer Kurgäste zu erraten. Die Leute aus den östlichen Ländern tragen meist Kleider und Schuhe minderer Qualität. Wer jedoch von Verwandten oder Freunden im Westen Devisen bekommt, kann diese bei Banken gegen Tuzex-Gutscheine eintauschen und damit in den entsprechenden Geschäften westliche Ware erwerben. Andere kaufen Tuzex-Bons mit tschechoslowakischen Kronen auf dem Schwarzmarkt. Die Fluktuationsrate der Bons ist ein ständiges Gesprächsthema. Als ich 1970 in Karlsbad war, bekam man für einen US Dollar sieben Coupons. Die Tuzex-Läden verkaufen qualitativ gute Ware für relativ wenig Geld an die Glücklichen, die im Besitz dieser Währung sind, während Leute, die keine Möglichkeit zum Erwerb von Tuzex-Kronen haben, mehr Geld für schlechtere Waren in normalen Geschäften hinlegen müssen. Dieses System unterteilt die Bevölkerung klar in solche, die haben und solche, die nicht haben. Es gibt sogar Waren, deren Preise nur in Tuzex-Kronen angegeben sind, und Leute, die meinen, die schönsten Dinge im Leben seien nur gegen Tuzex zu haben. Eine tschechische Frau beklagte sich bitter bei mir, daß sie gestraft sei, weil sie keine Verwandten im Westen habe. Es ist auch kein Geheimnis, daß die Tuzex-Verkäuferinnen zu westlichen Käufern oft über die Maßen entgegenkommend sind, während sie ihre Mitbürger sehr arrogant behandeln.

Nach einigen Tagen Aufenthalt fällt dem Besucher aus dem Westen einiges auf: Viele Frauen aus den Ostblockländern tragen immer auffällig große Handtaschen bei sich. Es könnte ja plötzlich ein Sonderverkauf angekündigt werden. Dann kann man sich gleich anstellen und die erstandene Ware in der überdimensionierten Handtasche verstauen. Oft sagt die Frisur mehr über eine Frau aus als ihre Kleider. Frauen mit blau-grauem Haar sind meistens Amerikanerinnen, russische Frauen lieben Löckchen, und die Tschechinnen bevorzugen Platinblond à la Jean Harlow.

Hin und wieder erlebt man eine plötzliche Rückblende in die Vergangenheit. Zwei zerbrechliche alte Damen mit Sonnenschirmen sitzen etwas verloren zwischen vor Gesundheit strotzenden Genossen vor der Kolonnade. Man möchte fast glauben, daß man sie vor fünfzig Jahren dort hingesetzt und einfach vergessen hat. Ein alter Herr mit Kaiser Franz Joseph-Bart wurde von einer Dame mit Garbo-Hut begleitet. Später hatte ich Gelegenheit zu einem Gespräch mit ihm. Er hatte einmal große Ländereien besessen und später „Glück gehabt", wie er meinte, weil er vom Regime auf einem seiner früheren Güter als Verwalter eingesetzt worden war. Jetzt habe man ihn kostenlos zur Kur geschickt.

Nach einigen Tagen bemerkte ich, daß das Zusammenleben der Kurgäste nicht störungsfrei verlief. Viele Ostdeutsche schienen die Anwesenheit Westdeutscher zu ignorieren, während der eine wie der andere um ihren Becher warmes Wasser anstanden. Die Westdeutschen waren an ihrem Selbstbewußtsein und die Frauen nicht selten an ihren Goldarmbändern zu erkennen, und sie schienen irgendwie ein Schuldbewußtsein zu verspüren beim Anblick der billigen Nylonhemden der

Ostdeutschen. Die Tschechen – sie stellten das größte Kontingent unter den Kurgästen – ignorierten die Russen und diese wiederum die Chinesen. Die Chinesen ignorierten alle. Einige wenige Araber übersahen geflissentlich die Juden, die mit gleicher Münze zurückzahlten. Nur die Ostdeutschen, die Tschechen und die Slowaken trugen das Parteiabzeichen am Revers. Ein Wiener Paar, das mit den Genossen fraternisierte, entpuppte sich als Mitglied der zahlenmäßig unbedeutenden Kommunistischen Partei Österreichs. Einige Ungarn aus Budapest ignorierten aus New York angereiste Ungarn und dokumentierten so wohl die Spaltung in der weltweiten ungarischen Geheimgesellschaft. An der Kolonnade fühlten sich einige Besucher aus westlichen Ländern einsam und verloren und nickten anderen Besuchern aus westlichen Ländern zaghaft zu.

In meinem Baedeker von Österreich-Ungarn aus dem Jahre 1913, der Gold wert ist, wird die „Alte Wiese" am linken Ufer der Tepla als allzeit geschäftige Promenade geschildert, auf der von 9 bis 10 Uhr abends ein Abendkorso stattfand. Die baumbeschattete Alte Wiese endet am Goetheplatz und beim Pupp-Gebäudekomplex. Vor dem Ersten Weltkrieg hatten die elegantesten Geschäfte aus ganz Europa hier Filialen errichtet. Hier konnte man alles kaufen, was es sonst nur in der Londoner Old Bond Street, in der Rue de la Paix in Paris und in der Kärntner Straße in Wien gab. (Heute bieten die wenigen guten Geschäfte, die es noch gibt, das berühmte Karlsbader Porzellan und Moser Glas an; die wirklich guten Stücke sind jedoch nur gegen westliche Währung zu haben.)

Das Grandhotel Pupp, von Johann Georg Pupp im Jahre 1760 erbaut, war einer der großen Hotelpaläste mit internationalem Ruf. Dort wimmelte es nur so von englischen Aristokraten, von ungarischen Gutsbesitzern in Begleitung attraktiver Damen, die in den seltensten Fällen ihre Ehefrauen waren, von Finanzmaklern und Millionären, die sich nach allzu reichlichem Genuß von *foie gras naturel* erholen wollten. Allein der Name Pupp läßt einem englischen Herzog, der heute zweimal die Woche deutsche und amerikanische Touristen in seinem Herrschaftshaus herumführt, die Tränen in die Augen steigen. Um die Jahrhundertwende bestand der Pupp-Komplex, wie er genannt wurde, aus dem Grandhotel und einer Reihe anderer Häuser und Privatparks und verfügte sogar über ein eigenes Orchester. Die Pupps beauftragten die bekannte Wiener Firma Fellner & Helmer mit dem Bau des neubarocken Konzertsaals mit seiner großen Orgel. Fellner & Helmer waren auf Konzertsäle und Theater spezialisiert und hatten sich damit in vielen Städten der Habsburgermonarchie einen Namen gemacht. Das erste, was eine Stadt von 30000 Einwohnern tat, war, ein Theater in Auftrag zu geben; das war ein Statussymbol. In Karlsbad baute die gleiche Firma auch das Kaiserbad, das heute „Bad Nummer 1" heißt. Es sieht aus wie ein kleines Opernhaus mit einem eleganten Aufgang, Marmor und vielen Kronleuchtern.

Nach dem Zweiten Weltkrieg hieß das Pupp 25 Jahre lang „Moskwa", dann „Interhotel Moskwa"; heute heißt es wieder Pupp. Der Name ist einfach zu attraktiv, obwohl das Pupp (wie alles andere hier) heute natürlich verstaatlicht ist. Die Palastfassade ist noch erhalten, es gibt immer noch die Kaisersuite, aber viele wertvolle Antiquitäten und Möbelstücke sind durch geschmacklose moderne Einrichtungsgegenstände ersetzt worden. Ein neuer Gebäudetrakt wurde angebaut, der von der

Eine alte Fotografie des Grandhotels Pupp, das 1760 von Johann Georg Pupp erbaut wurde − eines der großartigsten Hotels der Welt.

Bevölkerung respektlos „Krematorium" genannt wird. Der barocke Konzertsaal war mit Brettern vernagelt, als ich dort war. Die wunderschönen alten Bäume im Park waren gefällt worden, um den Bau von Parkplätzen und einer Minigolf-Anlage zu ermöglichen. So hat sich eben seit dem Jahr 1913 doch sehr vieles verändert, als der Baedeker vorschlug, man solle öfter mal das erste Frühstück in Pupps Café-Salon einnehmen, während das wöchentliche Gartenkonzert stattfinde. Viktor Karell, ein zeitgenössischer Chronist, schreibt, das Karlsbader Frühstück, von sogenannten „Kaffemädchen" mit großer Sorgfalt serviert, bleibe jedem Gast unauslöschlich im Gedächtnis. Das Frühstück − Kaffee, Semmeln, Butter, Konfitüre, Eier, Schinken und andere Köstlichkeiten − wußten selbst blasierte Millionäre zu schätzen. Schließlich hatten auch sie um diese Tageszeit schon einen längeren Spaziergang hinter sich, hatten von dem gräßlichen Glaubersalzwasser getrunken und waren jetzt hungrig.

Auch die Musik war wichtig; sie war praktisch ein Teil der Kur. Das Kurorchester spielte jeden Morgen von 6 Uhr 30 bis 8 Uhr. Die Musiktaxe für Familien betrug 10 bis 34 Kronen, ein teurer Spaß, wenn man bedenkt, daß eine Pferdekutsche vom Bahnhof bis zum Hotel nur 2,50 Kronen kostete, wenn die Kutsche von einem Pferd, und 3,75 Kronen, wenn sie von zwei Pferden gezogen wurde. Die Fahrt nach dem 1½ Stunden entfernten Marienbad mit dem Omnibus kostete 10 Kronen.

Karlsbad war vor dem Ersten Weltkrieg ein echtes Nobelbad. Wilhelm von Humboldt verglich Karlsbad in dichterischer Freiheit mit einem von Smaragden umgebenen Diamanten. Auf der schönen Mühlbrunnen-Kolonnade war ständig Modeschau, was einige Damen dazu veranlaßte, vorsorglich mit mehreren großen Überseekoffern anzureisen. Die Kur dauerte 21 Tage, wie auch heute noch, und es war für eine Frau, die etwas auf sich hielt, einfach unmöglich, zweimal im gleichen Kleid gesehen zu werden. Dem Baedeker zufolge war immer so ein Andrang, daß

Der Tepláfluß (*tepl* heißt warm); einige der warmen Quellen werden in den Fluß geleitet, der durch die Stadt fließt.

die Kurgäste mindestens fünfzehn Minuten anstehen mußten, ehe sie ihren Becher gefüllt bekamen.

Auch zwischen den beiden Weltkriegen war Karlsbad einer der großen Kurorte Europas. Die russischen Großherzöge und die habsburgischen Erzherzoginnen blieben zwar aus, aber im Pupp logierten immer noch ein paar Exkönige, die alle ehrfurchtsvoll mit „Majestät" tituliert wurden.

Millionäre und Maharadschas wandelten unter den Kolonnaden und schlürften das Heilwasser, als sei es gut gekühlter Champagner edelster Provenienz. Le Corbusier verglich die wunderschönen alten Häuser an der Alten Wiese mit einer Reihe von Torten, alle von gleichem Aussehen und von gleicher Eleganz. Und dann war da noch die schöne Magdalenen-Pfarrkirche, die 1732–36 von dem großen Meister Kilian Ignaz Dientzenhofer erbaut worden war, dessen Meisterwerk, die St. Nikolauskirche in Prag, vielleicht die schönste Barockkirche überhaupt ist, noch atemberaubender in ihrer Perfektion als Fischer von Erlachs Karlskirche in Wien.

Ich war ein hungriger Teenager, als ich auf Einladung meines Onkels Leo eine Woche im Pupp verbringen durfte. Mein Onkel Leo hatte als treuer Kurgast einen guten Namen. Was mich aber am meisten beeindruckte, war das riesige Wiener Schnitzel, das mir im Hotelrestaurant serviert wurde. Ich sehe es immer noch in

rechts: Der alte Hafen von Biarritz, das einst ein unbedeutendes Fischerdorf war und im 19. Jahrhundert zum beliebten Erholungsort wurde.

Seite 170: Der vordere Gosausee in der Nähe von Bad Ischl im österreichischen Salzkammergut. Dahinter der 3000 m hohe Dachsteingletscher.

Seite 171: Die Kaiservilla in Bad Ischl. Hier, mitten im wunderschönen Kaiserpark, residierte Kaiser Franz Joseph den Sommer über. Die Fassade zeigt Jagdmotive.

meinen Träumen vor mir, denn inzwischen dürfte ich so ein Schnitzel wieder nicht mehr essen. Es war tatsächlich so groß, daß die panierten Seiten über den großen goldgeränderten Teller hingen wie die seidene Daunendecke über das Luxusbett in meinem Hotelzimmer. Es war goldbraun, eine schöne Breughelfarbe, die Panade war aufgegangen ohne zu reißen, und das saftige Fleisch war butterzart. Onkel Leo bestellte sich sofort auch ein Wiener Schnitzel, obgleich der Ober ihn darauf hinwies, daß dies für einen Kurgast unstatthaft sei. Onkel Leo bekam sein Schnitzel, und der Ober meldete es dem Arzt, dem Onkel Leo schließlich sein Vergehen gestehen mußte. Am nächsten Tag bestach er erst den Ober und bestellte dann ein ebenfalls verbotenes Kalbsgulasch. Der Ober teilte dem Arzt nichts davon mit − er war ein perfekter Doppelagent.

Während der wenigen guten Jahre in Masaryks Tschechoslowakei kehrte ich nach Karlsbad zurück. Jetzt tummelten sich hier Finanzmakler, Geschäftsleute, französische Aristokraten und reiche Amerikaner. Sie alle hatten eine Schwäche für die schönen Dinge des Lebens. Einmal in Karlsbad angekommen, legten sie ihre Freßsucht ab und wurden demütige Kurgäste. Für die Dauer der Kur gab es weder Menüs noch Börsenkurse. Wichtig war nur, wieviel man am Morgen gewogen hatte, die Anweisungen des Kurarztes, und ob man je nach Leiden Sprudel oder Mühlbrunnenwasser zu trinken hatte. Es gab Theater, Konzerte und Karl Bayers Oblaten, hauchdünn und mit einer Mandel-Zucker-Masse gefüllt. Sie durften zwischen den Wasserschlückchen geknabbert werden.

Und schließlich war er da, der langersehnte Tag, an dem man fünf Kilo weniger auf die Waage brachte und sich sauber und leer wie eine gutgeschrubbte Badewanne fühlte. Man hatte seine Rechnungen bezahlt und sich von seinem Kurarzt verabschiedet. Ehe man nun die Heimreise antrat, ging man ins Pupp und bestellte die Speisekarte von oben nach unten: alles, von *foie gras* über Fisch zu gebratener Ente, und dann noch eine Nachspeise und eventuell sogar noch eine. Danach fühlte man sich das erste Mal seit langem wieder wie ein Mensch und nicht wie ein Kurgast. Schon hatte sich wieder ein teuer erkauftes Kilo dazugesellt, aber das wußte man ja noch nicht. Niemand steigt auf die Waage, nachdem er im Pupp gegessen hat.

Heute ist das alles anders. Wo sind die guten alten Zeiten geblieben!? Das Karlsbad von heute ist ein gut geführtes Geschäft mit der Gesundheit. Das ganze Jahr über ist Saison (die früher im Juni begann und im Oktober endete). Aus dem Adelsbad ist ein Volksbad geworden. Zwischen dem Sprudel und dem Mühlbrunnen sieht man heute Bäuerinnen mit Kopftüchern und ältere Arbeiter, die die Bedeutung des Wortes Gastronomie nicht kennen und die nie gut gelebt haben. Was taten sie früher, wenn sie krank waren? Damals hätten sie sich das vor ihrer Haustüre liegende Karlsbad niemals leisten können. Heute werden sie auf Staatskosten zur Kur geschickt. Kurgäste aus der Tschechoslowakei sind in 13 staatlichen Sanatorien untergebracht. Gäste aus anderen Ostblockländern wohnen in bestimmten Hotels, die Russen ganz für sich im Imperial. Kurgäste aus dem Westen wohnen für gewöhnlich im Pupp, im Richmond oder im Krivan. Das Einreisevisum wird erst erteilt, nachdem die einundzwanzigtägige Kur im voraus bezahlt wurde. Heute liegen die Kosten bei 1270 DM (oder dem entsprechenden Gegenwert in einer anderen westlichen Währung); dafür werden eine First class-Unterkunft, drei Diätmahl-

links: Üppige Blütenpracht vor dem Kasino in Meran.

zeiten pro Tag, die gesamte medizinische Versorgung (es gibt keine zusätzlichen Arztrechnungen), kostenlose Benutzung der Stadtbusse und freier Eintritt zu allen kulturellen Veranstaltungen geboten. Man braucht höchstens noch etwas Taschengeld für Oblaten und einige Münzen in harter Währung für Trinkgelder. Offiziell sind Trinkgelder natürlich abgeschafft, aber eine Münze in westlicher Währung kann einem in Karlsbad ganz schön weiterhelfen.

Bei meinem letzten Aufenthalt war ich im Richmond untergebracht, das früher einmal den Namen „Hotel Schönbrunn" trug. Es war immer noch ein wenig heruntergekommen (in der Zwischenzeit ist es renoviert worden), und vielleicht sind jetzt auch die zerbrochenen Steinfliesen auf der Terrasse ausgewechselt worden. Aber die neoklassizistische Fassade war noch da und der alte Park mit den Blumenbeeten. Ich gewann die Schranktüre in meinem Zimmer lieb, die sich auf mysteriöse Weise von selbst öffnete, wenn man in einem bestimmten Winkel daran vorbeiging. Man spürte, daß man sich im Lande Kafkas befand. Die Wasserhähne im Badezimmer tropften, aber es waren keine Dichtungen aufzutreiben, um das abzustellen. Dafür brachten die Zimmermädchen täglich frische Feldblumen, und meine Hemden waren schöner gewaschen als im Waldorf. Die ganze Woche lief die Zentralheizung auf vollen Touren, obwohl es draußen sehr warm war. Am Sonntag fiel die Temperatur in Karlsbad plötzlich enorm ab und zum Ausgleich setzte auch die Heizung aus. Die Hotelleitung stand dem Malheur wehrlos gegenüber, weil der zuständige Heizungsmonteur seinen freien Tag hatte. Die Hotelgäste beschwerten sich lautstark, und der Monteur rächte sich für die Beschimpfungen, indem er die Heizung wieder auf volle Touren brachte, obwohl es nun längst wieder warm war.

Die mangelhafte Ausstattung wurde durch erstklassigen Service wettgemacht. Der Küchenchef war ein Künstler, der entgegen allen Regeln der Kochkunst köstliche Speisen fast ohne Fett, ohne Stärke und Gewürze auf den Tisch zauberte. Es gab neun verschiedene Diätmenüs für alle Krankheiten, und während des ganzen Aufenthalts kam kein Gericht zweimal auf den Teller. Eine Diätassistentin stand einem mit Rat und Tat zur Seite, und blutjunge Kellnerinnen in Miniröckchen versuchten, dem Gast jeden Wunsch von den Augen abzulesen.

Während der dreiwöchigen Kur hatte ich fünf einstündige Unterredungen mit meinem Kurarzt, einem Spezialisten in Balneologie. Nach der ersten gründlichen Untersuchung überreichte er mir ein kleines Büchlein, worin auf Tschechisch, Russisch, Deutsch, Englisch und Französisch die Diagnose und meine spezielle Diät (No.5) nachzulesen war. Außerdem erfuhr ich viel Wissenswertes über spezielle Bäder, über die Schlammtherapie, die Hydrotherapie, Massagen, und welche Wasser ich zu trinken hätte.

„In der ersten Woche werden Sie sehr müde sein", sagte mir der Arzt im voraus. „In der zweiten Woche werden Sie sich schon wie ein Veteran fühlen und die neuen Patienten bedauern. In der dritten Woche werden Sie ungeduldig und ein wenig deprimiert sein." Seine Prophezeiungen trafen tatsächlich ein.

Während der drei Wochen meines Aufenthalts erfuhr ich, daß die Alte Wiese jetzt „Straße der Helden vom Dukla-Paß" heißt und die von Joseph Zítek (dem Erbauer des Prager Nationaltheaters) errichtete Kolonnade in „Tschechoslowakisch-Sowjetische Freundschafts-Kolonnade" umbenannt worden ist. Aber nach

Eine alte Fotografie von der Innenstadt mit der römisch-katholischen Kirche. Im Vordergrund eine Bäuerin, die ihre Waren verkauft.

wie vor spricht man einfach nur von der Kolonnade. In Karlsbad stehen Statuen von Goethe, Schiller, Smetana, Dvořák, Beethoven und Adam Mickiewicz sowie vom ersten sowjetischen Astronauten, Juri Gagarin. Im ehemaligen Kaiserbad wird darauf hingewiesen, daß Franz Joseph I. hier gebadet hat und in neuerer Zeit der Schah des Iran und natürlich auch Juri Gagarin. Metternich, Chopin, Bismarck, Turgenjew, Tolstoi, Brahms und Liszt sind auf Gedenktafeln verewigt.

An einem der letzten Tage machte ich einen wehmütigen Pilgergang zum Hotel Imperial, das mich schon immer durch seine Lage auf einem Hügel mit Blick über den Kurort beeindruckt hat. Zwei Bergbahnen führen hinauf. Als das Imperial im Jahre 1912 erbaut wurde, war es das größte und modernste Hotel in Mitteleuropa, finanziert von einer internationalen Gesellschaft unter dem Vorsitz von Lord Westbury. Ernest Hebrard, der Architekt, konnte mit der Zuckerguß-Rokoko-Fassade der Ritz-Epoche nichts anfangen, und ebenso mißfiel ihm der Wiener Sezessionsstil. Statt dessen errichtete er ein festungsähnliches Monstrum mit zwei häßlichen

Die Mühlbrunnen-Kolonnade, ein Meisterwerk des Prager Architekten Zítek. Sie war einmal die eleganteste Promenade in Karlsbad.

Türmen. Die Bergbahn wurde von dem Schweizer Emil Strupp gebaut, der auch die Bahn auf den Vesuv konstruierte.

Ich stieg in die Bergbahn, die vom Leninplatz in der Nähe des Sprudel abfuhr. Der Hotelpark war schöner, als ich ihn in Erinnerung hatte. Die Blumenbeete waren mit viel Sorgfalt und Geschmack gepflegt. Der Musikpavillon jedoch war ebenso verfallen wie der gläseren Gartenpavillon, wo man einst den Fünfuhrtee zu sich genommen hatte. Die Kurgäste waren damals immer von den Ärzten ermuntert worden, ihrer schlanken Linie zuliebe das Tanzbein zu schwingen. Jetzt diente der Glaspavillon dazu, reparaturbedürftige Gartenmöbel zu beherbergen. Der Putz bröckelte ab, und die Fensterscheiben waren zerbrochen. Die den Gästen zur Verfügung stehenden Tennisplätze jedoch befanden sich in gutem Zustand. Solche

Widersprüchlichkeiten waren nichts Neues. Die Kieswege waren sauber, die Hekken artig geschnitten, dagegen waren die alten schmiedeeisernen Lampen über dem Eingang zerbrochen. Natürlich ist es sehr schwierig, solche Lampen zu ersetzen.

Ich hatte die Halle heller in Erinnerung, und auch die Beleuchtung in den Korridoren war schwach. Die beiden Aufzüge, die Könige und Millionäre befördert hatten, ratterten und ächzten altersschwach. Zwei neue, elektronisch gesteuerte Aufzüge waren in der Nähe der Halle installiert worden, waren aber abgesperrt und nur für die neuen V.I.P.s zugänglich, die einen Schlüssel dazu hatten.

Viele Gummibäume zierten die Aufenthaltsräume. In einem kleinen Salon mit zarten Spitzenvorhängen spielten zwei hemdsärmelige Russen eine Partie Schach. Es war sehr ruhig.

Ich drehte mich um und ging zu einem bestimmten Punkt, von dem aus man einen wunderschönen Blick auf Karlovy Vary, das einstige Karlsbad, hatte. Und von hier aus erschien der Kurort fast so schön, wie ich ihn in Erinnerung hatte.

Eine Luftaufnahme von Karlsbad.

Saratoga Springs
und Hot Springs

Pavillon und Terrasse an der
Congress-Quelle um 1875. Die
„dipper boys" hinter der Theke
schenken Heilwasser aus.

Saratoga ist ein indianisches Wort und bedeutet soviel wie „der Ort des Medizinwassers des großen Geistes". Die Mohawk-Indianer kennen ihn seit vielen Jahrhunderten. Sie benannten die unter dem Namen High Rock Spring bekannte Quelle nach dem kuppelförmigen Gebilde (1 m hoch, 7 m Umfang) aus mineralischen Ablagerungen, das sich rund um die Quelle aufgetürmt hat. Die Indianer glaubten, Manitou persönlich habe die Quelle zum Fließen gebracht und taten sich daran gütlich.

Kein weißer Mann jedoch hatte je Saratoga besucht bis zu jenem Tag im Jahr 1767, als Sir William Johnston auf einer Bahre zur High Rock-Quelle getragen wurde. Die Indianer hatten ihm versichert, daß dieses Wasser seine immer wiederkehrenden Beschwerden, die von einer alten Wunde herrührten, heilen könne. Es ist nicht überliefert, ob die Behandlung Erfolg hatte oder nicht. Jedenfalls geriet der Ort seit jenen Tagen nicht mehr in Vergessenheit. Im Jahre 1773 rodete ein gewisser Dirk Schouten ein Stück Land hinter der Quelle und baute sich eine Blockhütte dorthin, die er jedoch nach einer Auseinandersetzung mit den Indianern wieder aufgeben mußte. Ein Jahr später bezog John Arnold aus Rhode Island die Hütte, baute sie aus und eröffnete ein Gasthaus. Zwei Sommer lang bewirtete er Besucher und machte Saratoga zum ersten Erholungsort in den Vereinigten Staaten. Zu den ersten Gästen zählten der Gouverneur von New York, Clinton, sowie George Washington und Alexander Hamilton, die sich, so wird berichtet, auf der Suche nach der Quelle im Wald verirrten. Dann wurde das Vergnügen für eine ganze Weile in den Hintergrund gedrängt, und der Name Saratoga bekam einen weniger friedlichen Anstrich. Aber die Aussicht auf ein gutes Geschäft überlebt auch schlechte Zeiten. Im Jahre 1789 kam Gideon Putnam nach Saratoga, pachtete dort 120 Hektar Land und schickte sich an, sie in klingende Münze umzusetzen.

Saratoga liegt in der Mitte eines halbmondförmigen Tales, das sich 27 km von Ballston Spa bis nach Quaker Springs erstreckt. Es gibt, wie schon die Ortsnamen andeuten, in diesem Gebiet sehr viele Mineralquellen, deren Entstehung aus einer geologischen Verwerfung zu erklären ist. Das 100 m über dem Meeresspiegel gelegene Tal ist von Bergen umgeben: von den Adirondacks im Norden, den Catskills im Süden, den Kayderossas im Westen, den Berkshires im Südosten und etwas weiter entfernt, ebenfalls in östlicher Richtung, von den Green Mountains von Vermont. Die schöne Lage, der Fisch- und Wildreichtum in Verbindung mit den heilkräftigen Mineralquellen, zog bald viele Besucher an. Das puritanische Gewissen, dem es bei dem Gedanken an Urlaub etwas unwohl war, ließ sich mit der Versicherung beruhigen, daß das Quellwasser gut für die Gesundheit sei. Letzte Zweifel wurden durch den leicht unangenehmen Geschmack des Wassers beseitigt. Im Jahre 1820 berichtete ein Besucher, die Blockhütte sei voll von Fremden, darunter auch mehreren Damen und Herren aus Albany, weswegen es fast unmöglich gewesen sei, auch nur für zwei Nächte unterzukommen.

Schon bald entdeckte man, daß die High Rock-Quelle keineswegs die einzige Mineralquelle in der Umgebung war. Der Gouverneur von New Hampshire, John Taylor Gilman, entdeckte auf einem Pirschgang im Wald, daß unterhalb eines Wasserfalls ein dünner Strahl perlenden Wassers hervordrang. Er trank davon und stellte fest, daß es Mineralien enthielt. Er eilte zu der Siedlung zurück und holte

Die Anlage der Congress-Quelle, um 1830 erbaut und 1870 umgebaut. Die Quelle selbst wurde von Gilman während einer Pirsch im Wald entdeckt. Die Columbia-Quelle entspringt unter dem kleinen Kuppelgewölbe, das am rechten Bildrand zu sehen ist.

sämtliche Bewohner − fünf weiße Siedler, einige Gäste und ein paar Indianer − zu der von ihm entdeckten Quelle. Alle kosteten das Wasser und fanden es gut (es hat einen ausgeprägten Schwefelgeschmack). Die Quelle wurde Congress Spring genannt zu Ehren des Kontinentalkongresses, dem Gilman angehörte. Sie ist heute die wichtigste in Saratoga und wird in einem Reiseführer als „Saratogas Kleinod und ganzer Stolz − sein Kohinoor" bezeichnet.

Im Verlauf der nächsten Jahre wurde noch eine beträchtliche Anzahl weiterer Quellen in der Umgebung gefunden. So zum Beispiel die Columbia-Quelle, ein äußerst eisenreiches Wasser, oder die Excelsior-Quelle, bekannt für ihre kristallklare Reinheit. Man muß erst davon trinken, um überzeugt zu werden, daß die zahlreichen Substanzen − Natrium, Kalk, Magnesium, Eisen usw. − trotz seiner Transparenz tatsächlich darin enthalten sind. Man entdeckte die Empire-Quelle, die Washington-Quelle (enthält Eisen und Kohlendioxyd), die Rote Quelle, aus der man für gewöhnlich nicht trinkt, die aber für ihre Heilerfolge bei äußerlichen Waschungen bekannt ist, obwohl kein Mensch genau sagen kann, warum. Man fand verschiedene Sprudelquellen, unter anderem die Vichy-Quelle, die White Sulphur-Quelle, in der man sowohl baden als auch das Wasser trinken kann, die Seltzer-Quelle, die Hathorn-, Star-, Putnam-, Saratoga A-, Magnetic- und einige andere, weniger bedeutsame Quellen. Saratoga konnte sich nun rühmen, der einzige Ort westlich der Rocky Mountains zu sein, wo es Wasser mit natürlicher Kohlensäure gab, eine Tatsache, die sich schnell herumsprach. Das Wasser wurde in Flaschen abgefüllt und im ganzen Land verkauft.

Verschiedene Heilwirkungen wurden und werden diversen Quellen immer noch nachgesagt, so sollen einige beispielsweise lindernd bei Beschwerden des Magen-Darm-Trakts, bei Gicht und bei Rheumatismus wirken und Anämie und Fettleibigkeit heilen (obwohl sie andererseits natürlich auch appetitanregend sein sollen). Sie werden empfohlen bei Neurasthenie, Blähungen, bestimmten Hautkrankheiten und zur Entgiftung des Körpers. Die Wirkungsweisen der verschiedenen Quellen lassen sich in vier Kategorien einteilen: in reinigende, kräftigende, harntreibende und umstimmende. Die reinigenden Quellen enthalten Magnesium- und Natriumbicarbonat sowie Kochsalz. Die kräftigenden Quellen enthalten Eisenbicarbonat, die umstimmenden Quellen basieren auf Natriumjodid, Kaliumchlorid und Natrium und die harntreibenden schließlich auf Bicarbonaten von Lithiumoxyd und Wasserstoffoxydul.

Es ist nach dieser Liste von Bestandteilen nicht verwunderlich, daß „der Geschmack des Wassers nicht immer angenehm ist". Es wird uns aber versichert, daß „das Wasser nach der ersten Verwirrung außerordentlich angenehm ist und man versucht ist, zu viel von dem prickelnden, säuerlichen und salzigen Trunk zu sich zu nehmen. Die Nachwirkungen entsprechen denen von Sodawasser. Nimmt man eine große Menge zu sich, dann bekommt man ein Völlegefühl sowie ein leichtes Schwindelgefühl und hat den Wunsch zu schlafen ... Die eisenhaltigen Quellen schmecken ein wenig nach Tinte, und einige andere hinterlassen einen süßlichen Geschmack im Mund".

Derselbe Autor macht darauf aufmerksam, daß diese Quellwasser zum Kochen gänzlich ungeeignet seien, es sei denn, man lasse sich zu einer typisch amerikanischen Wahnsinnstat – der Zubereitung von „hot cakes" – hinreißen, die dann ohnehin nur von Dummköpfen gegessen würden.

Um die Mitte des neunzehnten Jahrhunderts hatten verschiedene Mediziner Einrichtungen erstellt, um die Quellen voll ausnützen zu können. Im von den Doktoren Strong geleiteten „Remedial Institute" beispielsweise wurden zusätzlich zu den üblichen medizinischen Behandlungsmethoden verschiedene Bäder wie z. B. türkische, russische, römische und Elektro-Thermal-Bäder angeboten; ferner komprimierte und verdünnte Luft, Vakuumbehandlung, medizinisch aufbereiteter Sauerstoff und viele andere Kuranwendungen. Wenn man das so liest, dann verwundert es sicher nicht, daß Mineralquellen das Schlußlicht im Kurmittelgeschäft darstellen (vielleicht auch deshalb, weil die Mineralquellen jedermann kostenlos und in unbeschränkter Menge zur Verfügung stehen).

Soweit die ehrenhafte Seite Saratogas. Aber das fortschreitende Jahrhundert mit seinem aggressiven, freien Unternehmergeist, der sich in ganz Amerika verbreitete, drang auch bis zu dieser abgelegenen und merkwürdigen Gegend vor. Saratoga hatte zwei Vorzüge: seine Mineralquellen und seinen Ruf als Vergnügungsort. Man packte die Gelegenheit beim Schopf und versuchte beides zu Geld zu machen.

Die Doktoren Strong mögen vielleicht selbst nicht allzuviel von der Heilkraft der Quellen gehalten haben, sahen in ihnen aber die Grundlage, um ihr Remedial Institute aufzubauen. Andere Leute wiederum glaubten fest an die Quellen. Die Quellen konnten sich, wenn auch auf etwas ungewöhnliche Weise, als Goldgruben entpuppen. Schon bald nach ihrer Entdeckung begann man, das Wasser in Flaschen abzufüllen. Etwa um das Jahr 1890 vervollkommnete man dann ein Verfahren zur Extraktion des Kohlendioxyds aus dem mit natürlicher Kohlensäure angereicherten Wasser. Die meisten Quelleneigentümer fanden es einträglicher, das Gas zu extrahieren und an Sodawasserhersteller zu verkaufen, als das natürliche Mineralwasser, dessen eigenartiger Geschmack nicht so vielen Menschen zusagte, in Flaschen abzufüllen. Diejenigen, auf deren Stück Land keine Quelle gefunden worden war, ließen sich davon wenig beeindrucken. Offensichtlich war ja Mineralwasser in

Der Pavillon der Hathorn-Quelle im Jahre 1906.

großen Mengen vorhanden. Man mußte die Quellen nur finden und anzapfen. Wenn man einen Brunnen grub, war es gar nicht so unwahrscheinlich, plötzlich auf Wasser mit den lukrativen Bläschen zu stoßen. Also bohrte man mit wechselndem Erfolg Brunnen und installierte Pumpen, bis die Jahresfördermenge bei 600 Millionen Liter angelangt war.

Nicht nur von den Quellen konnte man profitieren, sondern auch von den Menschen, die kamen, um das Wasser zu trinken oder dies zum Vorwand nahmen, um sich zu vergnügen. Natürlich gab es einige, die sich regelmäßig bei den Doktoren Strong einquartierten und viele, die bis zu einem gewissen Grad irgendwelchen gesundheitsfördernden Aktivitäten nachgingen. „Die beste abführende Wirkung erreichen Sie, wenn Sie einen Liter Hathorn-Quellwasser vor dem Frühstück trinken, während Sie langsam spazierengehen", riet ein Reiseführer, und bei einer anderen Quelle heißt es: „Als Abführmittel eine halbe Stunde vor dem Frühstück trinken, dann einen kurzen, schnellen Spaziergang machen und danach frühstücken" – sicherlich ebenso gute wie wirksame Ratschläge, die auch nicht zu zeitaufwendig sind.

So weit, so gut; aber Ehrbarkeit gehörte nie – zumindest nicht nach 1863 – zu den hervorstechendsten Eigenschaften von Saratoga. Im Jahre 1863 kamen nämlich die Pferderennen, und die Rennbahn in Saratoga Springs ist die älteste in den Vereinigten Staaten. Sie ist heute noch so beliebt und elegant wie zu ihrer Entstehungszeit. Ihren Bau verdankt sie größtenteils den Bestrebungen von John Morissey, einem erfolgreichen Preisboxer, Kongreßabgeordneten, Senator und Spieler. Das erste Rennen gewann das berühmte Pferd Kentucky, das Leonard Jerome gehörte, dem Vater der ehrgeizigen und hübschen Jerome-Schwestern und späteren

Trabrennen auf der Rennbahn von Saratoga Springs, der ältesten in den Vereinigten Staaten. Die Pferde erreichen Spitzengeschwindigkeiten bis zu 50 Stundenkilometern.

Großvater von Winston Churchill. Jerome war klug und gerissen, und seine familiären Verbindungen sollten noch viel Aufsehen erregen. Korrektheit gehörte nicht unbedingt zu seinen starken Seiten, wie auch Morissey nicht allzusehr damit gesegnet war. Pferderennen ziehen eher die Leichtlebigen als die Soliden an, und für die nächsten fünfzig Jahre sollte der Stil Saratogas großenteils von einem ausgesprochen leichtlebigen Publikum geprägt werden. Die sogenannte bessere Gesellschaft behält es sich vor, bestimmte Menschen auszuschließen; die Rennbesucher dagegen boten eine bunte Palette. Ein zeitgenössischer Kommentator bemerkt dazu:

„Die Quellen in Saratoga sollen diverse Heilwirkungen haben und zu Saisonanfang, also in den Monaten Juni und Juli, begeben sich viele ehrbare Familien dorthin. Im Monat August jedoch . . . wechselt das Publikum. Die wenigsten von ihnen wissen vom Vorhandensein der Quellen oder kosten gar von ihnen. . . . Für sie ist die Stadt kein Kurort, sie wissen nichts von seiner Entstehung und kennen ihn nur als Ort geselligen Treibens, wo man sich einige Freiheiten erlauben kann, die anderswo nicht gerne gesehen werden". Besonders das „gesellige Treiben" betont der Kommentator – und nicht ohne Grund. Im Land der Freiheit und der Demokratie wurde die soziale Hierarchie mit so viel Sorgfalt beachtet, als handle es sich um eine Glaubenslehre. Die Reichen hatten ihre Enklaven, die sie nie verließen, und es gab Enklaven innerhalb dieser Enklaven. In Saratoga „sieht man dagegen häufiger als bei anderen Rennen mehrfache Wall Street-Millionäre in merkwürdiger Eintracht mit Rennbahnspionen, die vielleicht nicht einmal wissen, wo sie die nächste Nacht verbringen werden. Das Hornsignal ertönt in Saratoga um 14 Uhr 15. Die Prozession von der Stadt zur Rennbahn beginnt um 1 Uhr 15 . . . Die Hauptstraße der Stadt ist mit Wagen verstopft . . . Fahrer werben mit dem Ruf: ‚Zur Rennbahn!' um Kunden, und es herrschen ein Getümmel und eine Aufregung, als wenn in New York eine Fähre landet . . . Man kann im selben Wagen einen Kongreßabgeordneten und einen Senator sehen, die sich zum ersten Mal in ihrem Leben freundlich miteinander unterhalten. Eine Dame, die der Frau des Präsidenten häufig bei der Vorbereitung von Empfängen behilflich ist, lenkt eigenhändig ihre Kutsche, deren Insassen allesamt im Gotha zu finden sind, und hinterdrein folgt ein seltsames, nicht weniger auffälliges Gefährt, ebenfalls von einer Frau gelenkt, vor der sich allerdings niemand verneigt . . . Man stelle sich eine solche Prozession in der Stadt einmal vor!"

Unvorstellbar! Und als zöge das Rennen nicht schon genügend unerwünschte Besucher an, als gäbe es nicht schon genug Verführungen und schlechte Gesellschaft für charakterschwache Ehegatten und Söhne, gab es auch noch ein Kasino. Dieses schöne Backsteingebäude mitten in der Stadt, im Congress Park, direkt gegenüber der Hauptquelle, wurde im Jahr 1867 auf Betreiben von John Morrissey gebaut. Es florierte gleich zu Beginn. Als es im Jahr 1894 von Richard A. Canfield, dem „Spielerfürsten", übernommen und weiter verschönert wurde, stand es bereits im Ruf, das einträglichste und bekannteste Spieletablissement der Welt zu sein, und im gleichen Atemzug wurde Saratoga als Glücksspielhauptstadt von Amerika bezeichnet. Glücksspiel war zwar verboten, aber es tat sich natürlich nichts Illegales in den unteren Spielräumen, und ein Stockwerk höher – nun, da schaute niemand so genau nach. Geld bleibt Geld, wo immer es auch herkommt.

Als das neue Jahrhundert anbrach, schien Saratoga auf dem besten Weg zur Verdammnis zu sein. Die Sitten waren locker. Wein, Weib und Gesang unterlagen keinerlei Kontrollen. Und es bestand die sehr ernstzunehmende Gefahr, daß die Mineralquellen, der eigentliche Ursprung allen Wohlstands dieser Stadt, schon bald erschöpft sein würden, da die Anzahl der Bohrlöcher und die Kohlensäuregewinnung bedenkenlos ins Unendliche gesteigert worden waren. Diese Stadt war ein Schandfleck für die nüchterne und puritanisch-korrekte Ostküste, und die Stimme der Moral und der Vernunft gewann an Einfluß.

Ob es die Moralischen oder die Unmoralischen waren, die zuerst nachgaben – die Rennen wurden jedenfalls beibehalten; sie waren einfach zu beliebt, zu erfolgreich und zu einträglich, als daß man so einfach auf sie verzichtet hätte. Aber im Jahre 1904 gingen den offiziellen Stellen endlich die Augen auf, und das Kasino wurde geschlossen. Canfield beugte sich dem Unvermeidlichen und verkaufte widerwillig seinen Besitz an die Stadt. Nun konnte endlich Ehrbarkeit in Form der Historical Society von Saratoga Springs, gegründet im Jahr 1883 und bis dahin ohne festen Sitz, Einzug halten.

Die Unternehmer hielten es, wie zu erwarten war, ein wenig länger aus. Schließlich waren sie ein fester Bestandteil jener puritanischen Ethik, die nicht zögerte, das Glücksspiel für unmoralisch und deshalb für illegal zu erklären. Da man aber das private Unternehmertum nicht völlig zerstören wollte, entschlossen sich die Bürger, nicht länger tatenlos zuzusehen, wie der Gans der Garaus gemacht wird. Der Verlust der goldenen Eier wäre nicht nur finanziell ein empfindlicher Schlag gewesen, sondern hätte auch von zukünftigen Generationen mißverstanden werden können. Im Jahre 1910 begann deshalb der Staat New York die Heilquellen aufzukaufen und hatte bereits zwei Jahre später 163 Quellen in seinen Besitz gebracht, von denen alle bis auf 19 gesperrt wurden. Viele waren nämlich nie natürliche Quellen gewesen, sondern nur Spekulations-Bohrungen. Gleichzeitig kaufte der Staat die umliegenden Ländereien auf und ließ sie zu Parkanlagen umgestalten.

Saratoga war nun – abgesehen von seinen Rennen – so bieder wie nur möglich, aber die Umstellung kam irgendwie zu spät. Zu viele Jahre war es her, daß es sich rühmen konnte, ein Urlaubsort für die modische Elite zu sein. Diese hatte ihren eigenen Kreis, und Saratoga spielte darin keine Rolle (Hot Springs dagegen schon), außer an den wenigen Tagen während der Rennen. Es wurde zum Treffpunkt für die Möchtegern-Elite. Für sie und besonders für die Mütter mit Töchtern im heiratsfähigen Alter waren die anderen Gäste die Hauptattraktion in Saratoga. Hier konnte man sehen und gesehen werden. Um das zu erreichen, konnte man nach Herzenslust an einer der wichtigsten Aktivitäten des gesellschaftlichen Lebens im Amerika des neunzehnten Jahrhunderts teilnehmen – am Hotelleben. Nicht daß es etwa unvornehm gewesen wäre, in Hotels zu leben. Ganz im Gegenteil: Das Plaza in New York hatte zu verschiedenen Zeiten die Goulds, Vanderbilts und Harrimans beherbergt, von denen keiner von Anfang an angesehen war, deren Reichtum in jedem Falle aber so gigantisch war, daß sie, komme was da wolle, Oberwasser bekamen. Und weiter im Westen konnte man oft nur in einem Hotel die Annehmlichkeiten des zivilisierten Lebens genießen. „Man erzählt sich, daß es in einigen Städten im fernen Westen nur Holzhütten gibt, die sich um ein riesiges Hotel scharen", schrieb Paul Bourget im Jahre 1893. Bourget kam aus Europa, wo es üblich war, daß eine Familie den größten Teil des Jahres zuhause verbrachte oder, wenn sie sehr wohlhabend war, in der Stadt und auf dem Land ein Domizil hatte. So mußte ihm die unstete Lebensweise der besseren Kreise im damaligen Amerika besonders auffallen. „Wir sind in Rochester zuhause – aber wir haben zehn Winter hier verbracht", zitierte er eine vielbewunderte junge Frau aus New York. „Da die zehn im Staat New York verbrachten Winter den zehn in Newport verbrachten Sommern, ebensovielen Herbsten in Lenox und wahrscheinlich mehreren Frühlingen in Paris entsprachen, kann man sich vorstellen, welchen Raum ein Heim im Leben einer solchen Familie einnimmt." Das Zuhause im europäischen Sinn gab es für diese Leute kaum. Vielmehr war es eine Art Heim im Taschenformat, das man immer mit sich führte und dort aufstellte, wo man sich niederließ. „Die Familie hat in dem Hotel ihr eigenes Wohnzimmer, das sie mit Bildern und Vorhängen und manchmal so-

Der Pavillon an der High Rock-Quelle, der ältesten Quelle der Gegend. Die Indianer kannten sie schon, bevor der weiße Mann nach Amerika kam.

gar mit ihren eigenen Möbeln schmückte", bemerkte Bourget. Er stellte fest, daß das Hotelleben, wo die Familie frei war von den Zwängen des häuslichen Zeitplans, wie gemeinsamen Mahlzeiten, der amerikanischen Auffassung vom Familienleben besonders entgegenkam: „Man muß einmal in einem dieser Hotels gelebt und mit den Leuten gegessen haben, um bewußt mitzuerleben, wie die einzelnen Familienmitglieder nebeneinander und nicht miteinander leben. Die Frau oder die Tochter steht vom Tisch auf, wenn der Vater oder der Ehemann zum Frühstück, zum Mittag- oder Abendessen hereinkommt. Das ist ein ebenso weitverbreitetes wie aufschlußreiches Merkmal des amerikanischen Familienlebens − jeder lebt eigentlich alleine und für sich."

Gegen Ende des 19. Jahrhunderts fand das amerikanische Hotelleben zweifellos seinen Höhepunkt in Saratoga. „Newport und Interlaken, Ems und Long Branch haben ihren besonderen Reiz, aber nirgends ist so viel Karawanserei und Prunk auf so engem Raum konzentriert", schrieb ein Kommentator im Jahre 1882. Vorbei war die Zeit der drei überfüllten Blockhütten. Vorbei war die Zeit vor sechzig Jahren, als man mit weiter nichts als einem Dach über dem Kopf zufrieden war. Saratoga beherbergte nun in der Saison durchschnittlich 50000 Besucher, und die Grandhotels, für die der Ort berühmt war, waren die größten und elegantesten der Welt. Sie standen entlang der Hauptstraße, dem Broadway, und wetteiferten in ihrer exquisiten Pracht mit den eleganten Toiletten und der Aufmachung ihrer Gäste, die zu ihrem Saisonurlaub mit voluminösen Überseekoffern mit gewölbten Deckeln anreisten, die man seither „Saratogas" nennt.

Der größte dieser Hotelriesen war das United States Hotel. „Das United States Hotel erwartet seine Gäste mit 1100 Zimmern, in denen 2000 Gäste aufgenommen werden können", bemerkte ein Besucher erstaunt. „Ganz besonders von Vorteil für eine größere Anzahl von Besuchern waren die Cottages und Suiten mit separatem Eingang. Sie hatten mehrere ineinander übergehende Räume, große Schränke und eigene Badezimmer. Das war die ideale Verbindung zwischen familiärer Privatsphäre und dem Luxus und den Bequemlichkeiten des Hotellebens. Die Fenster der Empfangshallen und Gesellschaftszimmer blicken auf große Veranden, zu deren Füßen sich gepflegte Rasen ausbreiten . . ." Was die Leute am meisten beeindruckte, war die Größe und Kapazität dieser Hotels: „Verblüfft sprechen sie immer wieder von den wundersamen Eindrücken. Sie erzählen von kilometerlangen Teppichläufern, von den Tausenden und Abertausenden Türen und Fenstern, von 100 Kilometer langen Telegraphendrähten, riesigen Flächen von Marmorböden und von Tonnen von Essensvorräten in den Speisekammern. Man steht verloren, bewundernd und verwirrt davor. Und das Wunderbare daran ist − es ist alles wahr", seufzte ein staunender Zeitgenosse.

Was tat man nun den ganzen Tag an seinem Urlaubsort? Im allgemeinen waren die Familien, zumindest während der Woche, nur von den weiblichen Familienmitgliedern vertreten. Die Väter und Ehegatten waren zu sehr damit beschäftigt, das nötige Geld für die Hotelrechnungen zu verdienen. Wenn die Männer aber dann wirklich einmal kamen, so ließen sie sich im Hotel so gut wie gar nicht sehen. Sie hatten Wichtigeres im Kasino, auf der Rennbahn oder in anderen Etablissements zu tun, wovon sie ihren Gattinnen aber wohlweislich lieber nichts erzählten.

rechts: Die Tihany-Halbinsel im Plattensee.

Seite 190: Das moderne Thermalgebäude von Karlsbad wurde direkt zu Füßen der römisch-katholischen Kirche erbaut.

Seite 191: Eine der heißen Quellen von Karlsbad.

Der Mann, der viel Zeit mit seiner Familie verbrachte, war die Ausnahme. Diese völlige Trennung des Lebens der Männer von demjenigen ihrer Frauen und Töchter, deren Unterhalt zu bezahlen sie sich so abmühten, war eine bekannte Tatsache im amerikanischen Familienleben.

Hoffnungsvolle und ehrgeizige Mütter waren geistig aktiver als körperlich. Edith Wharton beschreibt eine solche Dame, die es sich im Grand Union Hotel gut gehen ließ, jenem Hotel, das neben dem United States am Broadway stand und fast ebenso groß und ebenso elegant war:

„Das Thermometer stand auf über neunzig Grad Fahrenheit, und ein Dunstschleier von sonnendurchflutetem Staub hing in den Ulmen an der Straße entlang des Grand Union Hotels und über den schmalen, dreieckigen Rasenflächen, die mit jungen Föhren bepflanzt und durch ein niedriges weißes Geländer vor der Verwüstung durch Kinder und Hunde geschützt waren.

Mrs. St. George . . . saß auf der geräumigen Hotelveranda, neben sich einen Krug Eislimonade und in der zarten Hand einen Palmenfächer. Sie blickte zwischen den ungeheuer hohen weißen Säulen der Veranda hindurch, die gebildete Reisende so oft an das Parthenon in Athen erinnerten. An Sonntagnachmittagen war diese Veranda voll von Herren im Gehrock und mit hohen Hüten . . . aber heute waren die Herren beim Rennen, und Frauen und Mädchen hatten auf der Veranda Platz genommen; sie fächelten sich Luft zu, nahmen Erfrischungen zu sich und warteten auf die Rückkehr der Männer.

Mrs. St. George war der dicken und überschwenglichen Mrs. Elmsworth gegenüber, die gerade in ihrer Nähe auf der Veranda saß, immer ein wenig auf Distanz geblieben (Mrs. Elmsworth biederte sich überall an). Mrs. St. George stand Annäherungsversuchen von Damen, die Töchter im Alter ihrer eigenen hatten, instinktiv skeptisch gegenüber . . .

Mrs. St. George verbrachte viele Stunden des Tages damit, die körperlichen Eigenschaften der jungen Damen, in deren Gesellschaft ihre Töchter die Veranda auf- und abflanierten, im Geiste zu katalogisieren und zu bewerten. Die jungen Mädchen tanzten jeden Abend stundenlang in den großen Hotelsälen Walzer und Polka. Schiebetüren, die lautlos in der Wand verschwanden, machten auf ganz unproblematische Weise aus zwei Räumen einen großen Tanzsaal. Mrs. St. George erinnerte sich an den Tag, an dem ihr dieser Anblick schier den Atem genommen hatte: Wiener Stühle in erwartungsvollen Reihen entlang der Wand, Fenster, von deren überhängenden, vergoldeten Vorhangleisten überreich geraffter karminroter Baumwollbrokat herunterfloß. Damals war der Ballsaal eines Hotels für sie so etwas wie der Thronsaal eines Palastes gewesen; seit ihr Mann sie jedoch zu einem Ball des Seventh Regiment Armoury geführt hatte, setzte sie andere Maßstäbe an . . .“

Die Töchter solcher Mütter wußten sich inzwischen schon besser zu vergnügen, und sie nutzten die gebotenen Amüsements weidlich aus. Man konnte Musik hören oder auch dazu tanzen. Die Konzerte waren aber ebensowenig die Hauptattraktion wie die Quellen. Das, was Saratoga zum Anziehungspunkt machte, war die Möglichkeit, den *Richtigen* kennenzulernen, und daran waren Mütter wie Töchter gleichermaßen interessiert. Dabei befolgte man ein bestimmtes Ritual, das die pflicht-

Ein vornehmes Herrschaftshaus an der Union Avenue in Saratoga Springs.

bewußte Tochter täglich zu absolvieren hatte: „Aufstehen und anziehen; zur Quelle hinuntergehen; beim Klang der Orchestermusik von der Quelle trinken; im Park spazierengehen; den Herren zunicken; ein wenig plaudern; wieder Heilwasser trinken; frühstücken; am Bahnhof nachsehen, wer mit dem Zug ankommt; eine Siesta halten; im Gesellschaftszimmer auf und abgehen; den Herren zunicken; ein wenig Konversation mit ihnen machen; mit den Damen den neuesten Klatsch austauschen; zum Essen umziehen; 1½ Stunden beim Essen zubringen; in den Parkanlagen verweilen und der Musik lauschen; zum See fahren; dann nachsehen, wer mit dem Abendzug kommt; zum Tee umziehen; den Tee einnehmen; zum Tanz umziehen; tanzen; ein Weilchen in den Aufenthaltsräumen plaudern und der Gesangsvorführung eines Gastes lauschen; zu Bett gehen." Obgleich der Verfasser dieses Zeitplans im weiteren Verlauf seiner Beobachtungen bemerkt, daß „das vernünftige Mäd-

Das Grand Union Hotel. Um 1880 kam es in Mode, in Hotels abzusteigen. Diese Bilder aus einer illustrierten Zeitung vermitteln einen Eindruck von dem glanzvollen Leben, das die Leute dort führten.

chen, die junge selbständig denkende Frau verächtlich über solche Narretei lacht", besteht kein Zweifel darüber, daß für viele der Tagesablauf tatsächlich so oder ähnlich ausgesehen hat. Es war eine merkwürdige, charakteristische, naive und vielleicht liebenswerte Mischung aus Angeberei und Vornehmheit, die die Teilnehmer voll und ganz in Anspruch nahm.

Kurz, Saratoga ist die Verkörperung jenes goldenen Zeitalters, das seinen Höhepunkt in den neunziger Jahren des vorigen Jahrhunderts erreichte – des Zeitalters der Raubritter und der exklusiven Gesellschaft, eines Ward McAllister und des freien Unternehmertums. Es war die Zeit der Eisenbahnen, des Automobils und der mit Fransen geschmückten, goldverzierten Salonwagen. Die New York Central warb für ihren „Saratoga Limited" mit Bildern des luxuriösen Aussichtswagens, der gepolsterten Sessel mit Armlehnen, des Speisewagens mit eleganten Quastenvorhängen: „Abfahrt vom Grand Central jeden Nachmittag außer Sonntag; Ankunft in Saratoga rechtzeitig zum Abendessen; Abfahrt von Saratoga nach einem frühen Frühstück, Ankunft in New York rechtzeitig zu Geschäftsbeginn."

Ganz offensichtlich ist dies die Epoche, die das heutige Saratoga um jeden Preis wieder aufleben lassen möchte. Das alte, inzwischen renovierte Kasino beherbergt immer noch die Historical Society, und der Besucher kann hier in der Vergangenheit schwelgen. Man hat auch einen Spielsalon erhalten (wenn er auch leider nicht seinen ursprünglichen Zweck erfüllt). Stilgerecht werden die Interieurs des neun-

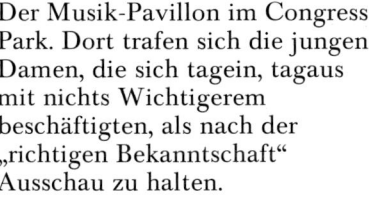

Der Musik-Pavillon im Congress Park. Dort trafen sich die jungen Damen, die sich tagein, tagaus mit nichts Wichtigerem beschäftigten, als nach der „richtigen Bekanntschaft" Ausschau zu halten.

Eines der Herrschaftshäuser, wie man sie um die Jahrhundertwende in Saratoga baute.

zehnten Jahrhunderts renoviert. Die Fassaden aufwendiger viktorianischer Herrschaftshäuser werden mit liebevollem Einfühlungsvermögen restauriert. Saratoga bietet zahlreiche Beispiele für jenen reichverzierten Baustil von Privathäusern, der als „Hudson River Bracketed" bekannt ist. Auch um die kleinen Pavillons über den Quellen bemüht man sich sehr. Der Pavillon an der Congress-Quelle zum Beispiel ruft nun die ferne Vergangenheit Saratogas, das frühe neunzehnte Jahrhundert wach. Eine einfache und elegante neoklassizistische Konstruktion hatten die Viktorianer durch eine reich geschmückte neugotische Halle ersetzt. Als diese langsam verfiel, hat man in jüngster Zeit wieder einen Nachbau des ursprünglichen Pavillons aufgestellt.

Und das Geschäft blüht. Das Kurgebiet, Eigentum des Staates New York, ist das ganze Jahr über geöffnet. „Eine große Wanne wird mit körperwarmem, mit natürlicher Kohlensäure angereichertem Wasser gefüllt. Während Ihr Kopf auf einem Schwammkissen ruht, wird Ihr Körper von Millionen winziger Bläschen umspült, von denen jedes wie eine winzige Massage wirkt. Nach zwanzig Minuten der Ruhe steigen Sie aus dem Bad und legen sich auf einen Massagetisch, wo die geübten Hände eines ausgebildeten Masseurs oder einer Masseuse Ihren Körper von den Spannungen und Verkrampfungen des Alltags innerhalb von zwanzig Minuten befreien. In warme Tücher gehüllt können Sie dann ausruhen oder schlafen." Und: „Wenn Sie sich diese Behandlung in der Vor- oder Nachsaison angedeihen lassen, kostet sie nur 5.25 Dollar." Damit dürfte dieser Kurort einzig dastehen. Und wenn man sich dann noch fit genug fühlt, kann man die Quellen besuchen, die immer noch sprudeln, angefangen von der leicht salzigen alkalihaltigen (die Orenda) über die Haves Well („ziemlich stark") bis zu Hathorn mk 3 („hoher Salzgehalt").

Und danach bleibt immer noch die Rennbahn für den Fall, daß Sie noch Geld übrig haben.

Wem allein der Gedanke an eine Massage durch Millionen winziger Bläschen und an das anschließende Geknetetwerden durch einen erbarmungslosen Masseur kalte Schauer über den Rücken jagt, für den mag die Behandlung in Hot Springs die richtige Alternative sein. Hier verbringt man seine Zeit in einem warmen Swimmingpool, wobei man von einem lächelnden Barkeeper ständig mit „mint juleps" und Whisky versorgt wird. Es gibt gewiß keinen größeren Kontrast als den zwischen dem lebendigen, geschäftigen Badeort Saratoga im Norden mit seiner Rennbahn, seinen Spielsalons und seinem Geschäftssinn und der verträumten südlichen Atmosphäre von Hot Springs in Virginia.

Dieser Gegensatz ist zum Teil klimatisch bedingt. Saratoga, im nördlichen Teil des Staates New York gelegen, hat ein extremes Klima mit langen, strengen Wintern und drückend-schwülen Sommern. Natürlich hat auch Virginia einen Winter, aber der ist kurz im Vergleich zu den langen, trägen südlichen Sommermonaten.

Hot Springs liegt an den westlichen Hängen der Alleghenies, nahe der Grenze zu West Virginia, genau im Osten der Blue Ridge-Bergkette. Wie bei vielen Kurorten findet man in der Umgebung noch weitere Heilquellen: so zum Beispiel die Sulphur Springs und die White Sulphur Springs in West Virginia und weiter unten im Tal die Warm Springs und die Healing Springs.

Man sagt, die Warm Springs seien von einem jungen Tidewater-Indianer auf dem Weg zur Küste entdeckt worden. Er hatte sich den ganzen Tag durch die Bergwälder gekämpft, und als die Nacht hereinbrach, war er erschöpft. Er fand keinen geeigneten Rastplatz. Schließlich sank er verzweifelt und mutlos neben einer Quelle nieder. Als er am nächsten Morgen aufwachte, bemerkte er, daß er im Schlaf in das Wasser gerollt war und sich wunderbar warm, erfrischt und belebt fühlte. Er markierte die Stelle, zog weiter und kehrte später mit einigen seiner Stammesmitglieder hierher zurück.

Ob diese romantische Geschichte nun der Wahrheit entspricht oder nicht, Warm- und Hot Springs liegen jedenfalls an einem alten indianischen Jagdpfad. Der Weg durchquert die Buffalo Gap, kreuzt die Flüsse Cowpasture, Calf Pasture und Bullpasture, an denen, wie schon der Name andeutet, früher Weideplätze großer Büffelherden lagen, und führt aus dem Shenandoah Tal hinaus. Die Indianer badeten in den Warm- und den Hot Springs, und das Tal wurde häufig von den Tidewater-Indianern besucht; eine ständige Siedlung scheinen sie aber dort nicht gehabt zu haben.

Die erste der beiden Quellen, die von weißen Siedlern zu einem Erholungsort ausgebaut wurde, war Warm Springs. Die erste Siedlung entstand im Jahre 1727. Die Einwohnerzahl war bis 1755 beträchtlich gestiegen, und um 1800 war Warm Springs bereits ein bekannter Kurort. Von Anfang an wies er stolz auf seine Südstaaten-Exklusivität hin, im Gegensatz zu Saratoga, wo jeder bereitwillig aufgenommen wurde. In den Aufzeichnungen des alten Warm Springs Hotel aus dem Jahre 1820 (so schreibt ein langjähriger Bewohner von Hot Springs) „findet man von 1820 an die Namen fast aller berühmten Bürger Virginias. Herkunft und Familie spielen eine wichtige Rolle in Virginia, und es macht Spaß, diese Aufzeichnungen mit Freunden aus Virginia durchzusehen." Einer dieser prominenten Besucher war Thomas Jefferson, der häufig in Warm Springs zu Gast war. Bei seinem letzten Besuch blieb er zwei Stunden im Wasser; später schrieb er an einen Freund, dies habe seiner Meinung nach seiner Gesundheit so sehr geschadet, daß er sich nie mehr davon erholt habe.

Wenn Jefferson sich tatsächlich so lange in dem Wasser aufgehalten hat, dann tat er dies sicherlich gegen jeden ärztlichen Rat. Denn man war sich darüber einig, daß 15 Minuten das Maximum seien, wenn das Wasser heilen und nicht schaden solle (das gilt auch heute noch als die optimale Badezeit).

„Peregrine Prolix", der Warm Springs im Jahre 1835 besuchte, schrieb über den Badebetrieb im Warm Springs Hotel: „Das Wasser ist für Männer 150 cm, für Frauen 120 cm tief. Männer und Frauen benutzen die Badeanlagen abwechselnd. Man kann drei Bäder täglich nehmen, ohne Schaden davozutragen. Zu Ihrer Bequemlichkeit sollten Sie einen weiten Baumwollmorgenrock mit Kaschmirschalmuster und karminrotem Futter, eine griechische Mütze, türkische Pantoffeln und ein paar weitgeschnittene Hosen tragen — eben Kleidung, die sich ohne viel Mühe an- und ausziehen läßt. Bleiben Sie fünfzehn Minuten ohne viel Bewegung im Wasser, steigen Sie dann heraus und eilen Sie zu Ihrer Kabine; ziehen Sie ein trockenes Nachtgewand an, gehen Sie zu Bett und schlafen Sie. Sie werden während des Schlafens ins Schwitzen kommen, dann aber langsam wieder abkühlen. Wenn Sie

Das eindrucksvolle Homestead Hotel in Hot Springs, das von heißen Quellen und Bädern umgeben ist. Im Bild die Hot Sulphur Spring.

nach etwa einer halben Stunde wieder aufwachen, ziehen Sie sich an und gehen Sie zu Tisch.

Dieser Vorgang, mit Ausnahme des Essens, kann zweimal am Tag mit gutem Erfolg und großem Vergnügen wiederholt werden, wobei einmal das Frühstück oder Abendessen anstelle des Mittagessens treten kann. In diesem komfortablen, gut geführten und angenehmen Etablissement zahlt man acht Dollar die Woche oder eineinhalb Dollar pro Tag. Für Diener und Pferde gilt der halbe Preis. Wenn man in seinem Zimmer den Kamin angezündet haben möchte, braucht man nur darum zu bitten. Es wird hier wirklich alles getan, um die Besucher zufriedenzustellen."

Zu der Zeit, als Prolix diese Zeilen über Warm Springs schrieb, hatte sich schon ein Arzt, ein gewisser Dr. Goode, im Tal niedergelassen und zehn Jahre daran gearbeitet, Hot Springs als Kurbad-Konkurrenz aufzubauen.

Das Gebiet, auf dem die Hot Springs der Erde entspringen, ist sehr klein. Die einzelnen Quellen unterscheiden sich jedoch in ihrer Temperatur und ihrem Mineraliengehalt. Man nahm an, daß sich einige der Quellen für Trinkkuren eignen würden, aber damit hat man sich in Hot Springs nie recht anfreunden können, da dabei der große Vorzug dieses Wassers nicht zum Tragen kommt, nämlich die Tatsache, daß es mit idealer Badetemperatur aus der Erde entspringt und weder erhitzt noch abgekühlt werden muß. Ganz abgesehen von der Bequemlichkeit wird es auch als großer Vorteil angesehen, daß dadurch das Mineraliengleichgewicht erhalten bleibt; bei einem Temperaturwechsel (ja sogar schon bei längerem Stehen an der Luft) wäre es gefährdet, so wie auch aus dem Sprudelwasser von Saratoga die Kohlensäure entweicht, wenn es länger steht.

Dr. Goodes Hauptbehandlungsmethode war das „Spout Bath", wofür er ein Badehaus in der Nähe der Spout Spring bauen ließ. Das Wasser sprudelt darin in einer etwa schulterhohen Fontäne empor. Der dazu notwendige Druck entstand durch ca. 3 m Höhenunterschied zwischen Quelle und Austritt. Der Badende stand (oder saß, wenn er gebrechlich war) und ließ sich vom Wasserstrahl massieren, was sehr erfrischend und belebend wirkte.

Viele seiner Neuerungen mag sich Dr. Goode von den Mineralquellen in Aix-les-Bains abgeschaut haben. Die Wasserzusammensetzung dort kommt der von Hot Springs am nächsten. Es erscheint jedoch wahrscheinlich, daß das Spout Bath schon vor Dr. Goode eingerichtet wurde, da er die Erfindung nicht als sein Werk ausgab. Wie auch immer, der Ruf von Hot Springs als Kurort gründet sich auf die Spout Bath-Behandlung. Sie war jedenfalls ausgefallener und begehrter als alles, was Warm Springs bieten konnte, wo zur damaligen Zeit gerade erst ein separates Bad für Frauen eingerichtet worden war. Bis weit in die dreißiger Jahre des 19. Jahrhunderts hinein hatte es hier nur ein Bad für beide Geschlechter gegeben (das später als reines Männerbad diente), in das man hineinsteigen, in dem man untertauchen oder in das man samt dem Krankenstuhl hinabgesenkt werden konnte.

Im Jahre 1846 eröffnete Dr. Goode in Hot Springs ein modernes Hotel, das er einer Tradition folgend „The Homestead" nannte: Das erste Homestead war 1756 gebaut worden, und man konnte es schwerlich als komfortabel oder gar modern bezeichnen. Im Verlauf der nächsten 50 Jahre wurden die Bademöglichkeiten allmählich vielfältiger. Im Hauptgebäude war der „Pleasure Pool", der sich in einem recht-eckigen, 30 x 60 m großen Gebäude befand. Er war in der Mitte abgeteilt; die eine Hälfte stand den Männern, die andere den Frauen zur Verfügung. Traditionsge-mäß badeten die Männer nackt, die Frauen hingegen waren mit einem seltsamen Badegewand bekleidet, das am ehesten mit einem Kissenbezug, in dessen Ecken Löcher eingeschnitten waren, zu vergleichen ist. Das Wasser in diesem Pleasure Pool war eine Mischung aus allen Quellen; die größte, heißeste und stärkste hieß Boiler Spring. Außerdem gab es das Spout Bath und den Plunge, der mit 30°C Aus-trittstemperatur kühler war als die anderen Quellen.

Obgleich das alles nicht zu verachten war, wäre Hot Springs wohl ein kleiner Badeort wie viele andere geblieben, wenn nicht die Eisenbahn gewesen wäre. Sie ließ das kleine Dorf zu einem modischen und geschäftigen Kurort aufblühen.

Diese Entwicklung vollzog sich gegen Ende des letzten Jahrhunderts. Maßgeb-lich beteiligt waren die Leute von der Chesapeake und Ohio Railroad. Sie planten natürlich auch die Erschließung des Hinterlandes, denn das Geschäft wuchs mit der Anzahl der Eisenbahnlinien: Je reicher und vielfältiger das Hinterland war, durch das sie ihre Linien baute, desto reicher wurde die Eisenbahngesellschaft. Die Pläne zur Erschließung Virginias sahen Dampfschiffahrtslinien und Kohlenberg-werke vor, und man plante (einem Mitglied des Syndikats lag diese Idee besonders am Herzen), der Bevölkerung die Berge von Virginia als Erholungsgebiet wieder schmackhaft zu machen. Früher waren sie beliebte Ausflugsziele gewesen, inzwi-schen jedoch ein wenig in Vergessenheit geraten. Also kutschierte man die Geldge-ber des Vorhabens auch zu den verschiedenen Heilquellen in Virginia, um festzu-stellen, welches Gebiet sich am besten eignete. Zunächst dachte man an White

Das „Homestead" wurde im Jahre 1756 erbaut und seither mehrfach umgebaut. Das Bild zeigt das Hotel, wie es im Jahre 1923 aussah. Reiter versammelten sich vor der prachtvollen Säulenterrasse zum Ausritt.

Sulphur Springs, kam jedoch davon ab, als die Schuhe eines führenden Mitglieds der Gruppe, George T. Bliss, nach einem Aufenthalt dort über Nacht Schimmel angesetzt hatten. Mr. Bliss weigerte sich, sein gutes Geld in einen Kurort zu investieren, dem wegen seiner Nebellage kaum große Chancen prophezeit werden konnten.

Am Ende der Informationsreise kam das Syndikat überein, die drei Quellen in Cowpasture Valley aufzukaufen: Warm Springs, Hot Springs und Healing Springs. Gleichzeitig begann die Eisenbahngesellschaft mit dem Ausbau einer Zweigstrecke, die von Covington, Virginia aus in das Tal führte. Jahrelang blieb dies die einzige moderne Möglichkeit, es zu erreichen. Direkt am Bahnhof wurde ein schönes Eisenbahnhotel im traditionellen Stil erbaut. Man hatte dabei jedoch nicht bedacht, daß die Gäste des Kurorts, die der Ruhe und der reinen Luft wegen gekommen waren, sich durch den Ruß, Lärm und Dampf, den die Eisenbahn mit sich brachte, abgestoßen fühlen würden. Aus diesem Grunde war das an sich schöne Hotel nie so beliebt wie das Homestead, das eben zu dieser Zeit vergrößert und umgebaut wurde.

Nachdem sie ihr ganzes Geld in das Projekt gesteckt hatten, machten sich die Mitglieder des Syndikats daran, es weiter auszubauen. Im Jahre 1892 wurden in dem Tal viele neue Sommerhäuser für die Fremden gebaut; aber erst die modernen Installationsanlagen und ein effizientes Zentralheizungssystem machten aus Hot Springs einen sommers wie winters gleichermaßen attraktiven Erholungsort. Nun begann der Ort das Image zu erwerben, für das er heute berühmt ist. Wenn Saratoga sich rühmte, hier würde jedem etwas geboten, ob auf der Rennbahn oder im Kasino, so tat Hot Springs genau das Gegenteil für sein Image: es propagierte Exklusivität.

Hot Springs avancierte rasch zum exklusivsten Kurort der Vereinigten Staaten. Allen voran kamen − im eigenen Interesse − die Finanziers und ihre Frauen, und es dauerte nicht lange, bis es für jeden, der zur vornehmen Gesellschaft gehörte, einfach selbstverständlich war, auf der alljährlichen Karussellfahrt im Frühjahr und im Herbst in Hot Springs Station zu machen. Man verbrachte den Winter in New York, fuhr nach Hot Springs, um das angesammelte Geld wieder in Umlauf zu bringen, verbrachte den späten Frühling auf dem Land, den Frühsommer in Europa, vorzugsweise in Paris, wo sich Ehefrauen und Töchter für das kommende Jahr neu einkleideten, fuhr dann zurück nach Newport oder Bar Harbor, im Oktober erneut nach Hot Springs, um die nötige Kondition für den Winter zu erwerben, und dann wieder zurück nach New York. Um die Jahrhundertwende hatte der Ort in den besseren Kreisen so sehr an Ansehen gewonnen, daß Leute wie Henry Ford, John D. Rockefeller und Andrew Mellon regelmäßig nach Hot Springs fuhren. Geschäftsleute nutzten die Zeit im Badehaus nicht nur zur Regeneration ihrer physischen Kräfte, sondern auch für kleine Geschäftsgespräche, die zuweilen von so großer Tragweite waren, daß riesige Konzerne ihre Besitzer wechselten; neue Trends wurden in der lauen Luft von Virginia geschaffen, Spannungen entstanden und lösten sich wieder auf.

Nicht nur Geschäftsleute brauchten dringend Erholung. Wenn sie hart arbeiteten, um Millionengewinne zu erzielen, dann arbeiteten ihre Frauen nicht weniger hart daran, diese Gewinne wieder unters Volk zu bringen. Mrs. W. K. Vanderbilt (*die* Mrs. Vanderbilt der damaligen Zeit) fuhr regelmäßig zweimal im Jahr nach Hot Springs. „Die Anforderungen an ihr Taktgefühl, ihre Zeit und ihre Energie waren so groß, daß sie, wenn sie endlich zweimal im Jahr in Erholung fahren konnte, dort fast total erschöpft ankam", schrieb ihr Sohn Cornelius. Worte, die an Mrs. John Drexel erinnern: „Dieses ständige *en evidence* sein! Wir Frauen der Gesellschaft haben es wirklich nicht leicht!"

Mrs. Vanderbilt (eine große Anhängerin des Hotellebens) stieg im Homestead ab.

„Mutter schien sich nach der Ankunft nur nach der Geborgenheit der Anonymität zu sehnen. Sie zog sich in eine geräumige Suite zurück, an die ringsum nur leere Räume anschlossen, um keine menschliche Stimme hören zu müssen. Sie begann die Aufregung, die ihre Ankunft in der imposanten, säulenbestückten Eingangshalle erregte, zu scheuen und benützte lieber eine unscheinbare Hintertür, die eigentlich nur zum Entladen des Gepäcks gedacht war. Dort stand dann ihr Wagen bereit, der sie bei ihren Nachmittagsausflügen gemächlich durch die ruhigen Wälder kutschierte. Im Homestead gab Mutter keine Parties und nahm auch keine Einladungen an. Sehr selten aß sie im Speisesaal. Stattdessen zog sie es vor, in ihrem großen, privaten Eßzimmer am Kaminfeuer zu speisen. Ihr persönlicher Kellner John hatte den Auftrag, ihr alle Gänge auf einmal zu bringen, die silbernen Deckel abzunehmen und sich zu entfernen. Ich erinnere mich noch, wie sie einmal am Fenster saß, eine rosafarbene französische Decke über den Knien, ihren braunen Hund auf dem Schoß. Der Raum war mit hohen, dunklen, altmodischen Mahagonimöbeln ausgestattet, die die Hotelleitung ausschließlich für ihre Besuche aufbewahrte."

Nach fünf oder sechs Wochen in dieser Abgeschiedenheit fühlte Mrs. Vanderbilt sich dann wieder gerüstet, von neuem ihre Rolle als führende Gastgeberin der besseren Gesellschaft aufzunehmen.

Nicht alle, die nach Hot Springs, ins Homestead oder anderswohin, kamen, lebten derartig aufwendig – so einen Lebensstil konnte sich kaum einer leisten. Aber die Vanderbilts, Rockefellers, Mellons und Fords haben Hot Springs mitgeprägt. Der Ort hatte sich einen Namen gemacht und sollte ihn fortan auch behalten. Er war der amerikanische Kurort schlechthin geworden, nicht so sehr wegen seiner Quellen, auch wenn diese bestimmt gut waren, sondern wegen der Leute, die dorthin fuhren. Hot Springs' Ruf, abgewrackte Finanzmakler würden hier wieder auf Vordermann gebracht, hatte zur Folge, daß in den zwanziger Jahren ein Börsenmaklerbüro im Homestead eröffnet wurde. Eine ständige Verbindung zu New York wurde hergestellt, und morgens war jeder Platz besetzt. „Im April und Oktober schien es, als ob die New Yorker Börse schließen müßte, denn alle Börsenmakler waren mit ihren Frauen in Hot Springs", erinnert sich der damalige Besitzer des Homestead und fügte hinzu: „Es war ein lustiges Grüppchen, und wenn sie auch ihre Sorgen hatten, so wollten sie es sich doch gut gehen lassen". Sorgen hatten sie damals allerdings, und nach 1929 gingen die Besucherzahlen rapide zurück. Aber bald wurden die Zeiten wieder besser, und um die Mitte der dreißiger Jahre kamen auch die eleganten Damen und Herren wieder, um beim Ausritt in perfekt geschnittenen Reithosen oder beim Golf über den New Deal zu jammern.

John D. Rockefeller Senior, der Ölmagnat. Hier auf einem Bild aus dem ausgehenden neunzehnten Jahrhundert. Er war Stammgast in Hot Springs.

Wie viele Orte, denen ein guter Ruf und berühmte Besucher sicher sind, machte auch Hot Springs keinerlei Anstalten, sich den veränderten Zeiten anzupassen – ganz im Gegenteil: Der Gast hatte den Kurort zu nehmen, wie er war, oder er sollte lieber ganz wegbleiben. Was für die Vanderbilts gut genug gewesen war, sollte auch fünfzig Jahre später noch gut genug sein. So wehrte sich die einheimische Bevölkerung mit allen ihr zur Verfügung stehenden Mitteln gegen das Automobil. Noch 1949 war die Anti-Automobil-Lobby so stark, daß viele Straßen in und um Hot Springs nur mit Pferd und Kutsche befahren werden durften. Einen ähnlich verbissenen Kampf führten die Bewohner gegen das Glücksspiel. Hot Springs hatte schließlich auf seinen guten Ruf zu achten. Das Kasino durfte auf keinen Fall professionellen Glücksspielern in die Hände fallen, wie es in Saratoga passiert war – das beste Beispiel dafür, wie vernichtend sich so etwas auf das Image eines Kurortes auswirken konnte. Auch dieser Krieg wurde gewonnen, wenn der Preis für den Sieg auch sehr hoch war; die Spieler blieben weg, aber nur, weil man ihnen dafür eine sehr große Summe geboten hatte.

Die Besucher von Hot Springs müssen sich mit respektablen und weniger aufregenden Dingen die Zeit vertreiben. Mit Golf zum Beispiel. Dieser Sport wurde wegen seiner positiven Wirkung auf die Gesundheit eingeführt. Ein Stammgast, Führungskraft in der metallverarbeitenden Industrie, hatte während des Ersten Weltkriegs einen körperlichen Zusammenbruch erlitten. Ein Freund empfahl ihm einen Arzt, und er schilderte seinen Besuch dort folgendermaßen: „Ich ging zu deinem Freund, dachte mir aber gleich, daß er auch nicht anders sei als die anderen. Meine Vermutung bestätigte sich, als er nach der Untersuchung sagte, er würde jetzt ins Nebenzimmer gehen und ein Medikament holen, das mir helfen sollte. Ich müßte es allerdings mindestens dreimal die Woche nehmen. Wenn ich mich an seinen Rat hielte, bräuchte ich mir weiter keine Sorgen zu machen und würde gesund werden. Ich war angewidert. Er kam zurück und überreichte mir zwei Pillen von etwa 2,5 cm Durchmesser. Und was glaubst du, was das für Pillen waren? – Golfbälle! Ich war zwar wütend, aber ich wollte ihnen eine Chance geben. Und stell dir vor, sie haben mir tatsächlich geholfen". Nachdem die Ärzte also auf diese Weise ihre Zustimmung gegeben hatten, baute man in Hot Springs einen Golfplatz.

Hot Springs ist immer noch ein eleganter Kurort, obwohl sich auch dort die Zeiten geändert haben. Man kann den Ort jetzt außer mit der Bahn auch mit dem Auto erreichen, obwohl das einen ganz schönen Kampf gekostet hat. Die beneidenswerten Stammgäste schlürfen noch immer gemeinsam ihren Drink im warmen Wasser.

Doch nichts läßt sich mit der Party im Jahre 1898, mitten im Spanisch-Amerikanischen Krieg, vergleichen, als sich der chinesische Botschafter in Washington als Krönung des Abends in seiner goldgelben Robe erhob und erklärte: „Ich möchte Ihnen sagen, wie sehr ich Ihr Land bewundere. Deshalb möchte ich jetzt Ihre Nationalhymne in meiner Muttersprache singen". Und er stimmte das Lied „There'll be a Hot Time in the Old Town Tonight" an.

Bedauerlicherweise sind weder die chinesischen Botschafter noch die Kurorte noch das, was sie einmal waren.

Ein kleiner Pavillon hinter dem
Homestead Hotel.

Bildnachweis

Wir danken allen, die uns freundlicherweise die Vorlagen zu den Abbildungen zur Verfügung stellten:

J. Allan Cash Ltd 60
Bad Homburg – Kur und Kongreß GmbH 73
Baden-Baden – Bäder und Kurverwaltung 49
Bath Reference Library 3, 22–3
Belgisches Fremdenverkehrsamt, London 17
Bildarchiv der Österreichischen Nationalbibliothek 103
George Bolster 178, 181, 183, 187, 194
Brighton Borough Council 35
Budapester Touristeninformations–service 155
Cooper-Bridgeman Library 38–9
Douglas Dickins 102, 114, 140, 150, 170, 172, 184, 192, 196
EPL/David Williamson 189
Robert Estall 171
Mary Evans Picture Library Endpapers 50, 54–5, 68–79, 164, 195, 206
Fotomas Index 11, 14–15, 31, 66, 79 80, 92, 112–13, 145
Fremdenverkehrsamt der französischen Regierung, London, 74, 85, 86, 91, 94
Gasteiner Museum 118–19, 125, 126–7
Gasteiner Fremdenverkehrsamt 124
Grand Hotel Hof Ragaz 136

Robert Harding Associates 25, 191
Michael Holford 18
The Homestead, Hot Springs, USA 199, 201, 205
Angelo Hornak 37, 62, 63
A. F. Kersting 8, 12, 20, 40, 43, 44 (oben und unten) 46, 52, 59, 176
Keystone Press Agency 203
Mansell Collection 1, 19 (oben und unten), 21 (links und rechts) 23, 28, 36 (oben und unten), 53, 71, 78, 90 (oben), 158, 161 (oben und unten) 167, 175
Österreichisches Fremdenverkehrsamt London 98, 110, 122
Picturepoint 169
Radio Times Hulton Picture Library 7, 32, 106–7, 108, 148–9
Roger-Viollet, Paris 90
Schweizerisches Fremdenverkehrsamt 130, 133, 138, 139
Staatliches Italienisches Fremden-verkehrsamt (ENIT) 146
Stadtamt Bad Ischl 101
Tschechoslowakisches Fremdenver-kehrsamt London 168, 177, 190
Ungarische Botschaft London 152, 157
Victoria and Albert Museum 77, 82–3, 88, 93, 144
Victoria Art Gallery, Bath 26
Weidenfeld and Nicolson Archive 120, 128

Register